Tirso de Molina

La ninfa del cielo

Barcelona **2024**
Linkgua-ediciones.com

Créditos

Título original: La ninfa del cielo.

© 2024, Red ediciones S.L..

e-mail: info@Linkgua-ediciones.com

Diseño de cubierta: Michel Mallard.

ISBN tapa dura: 978-84-9953-794-8.
ISBN rústica: 978-84-9816-515-9.
ISBN ebook: 978-84-9953-238-7.

Sumario

Brevísima presentación

La vida

Tirso de Molina (Madrid, 1583-Almazán, Soria, 1648). España. Se dice que era hijo bastardo del duque de Osuna, pero otros lo niegan. Se sabe poco de su vida hasta su ingreso como novicio en la Orden mercedaria, en 1600, y su profesión al año siguiente en Guadalajara. Parece que había escrito comedias y por entonces viajó por Galicia y Portugal. En 1614 sufrió su primer destierro de la corte por sus sátiras contra la nobleza. Dos años más tarde fue enviado a la Hispaniola (actual República Dominicana) y regresó en 1618. Su vocación artística y su actitud contraria a los cenáculos culteranos no facilitó sus relaciones con las autoridades. En 1625, el Concejo de Castilla lo amonestó por escribir comedias y le prohibió volver a hacerlo bajo amenaza de excomunión. Desde entonces solo escribió tres nuevas piezas y consagró el resto de su vida a las tareas de la orden.

El autoanálisis

María del Pilar Palomo Vázquez afirma a propósito de esta obra:

«Esta pieza muestra un gran dominio de lo abstracto en su estructura, y en las reminiscencias bíblicas de su estilo. La penetración psicológica de Tirso, que sabe ahondar en las ocultas pasiones humanas —sus monólogos son auténticas muestras del autoanálisis de sus personajes—, se eleva aquí al plano conceptual y abstracto para mostrarnos, con viva plasticidad, la lucha de las potencias del alma.»

El argumento de la obra, según Tirso ha sido extraído de los Ejemplos morales, de Blosio, tiene cierta influencia del tema del bandolerismo femenino, propio del teatro profano y usual en la escuela de Lope.

Personajes

Carlos, duque de Calabria
Diana, su mujer
Roberto, criado
Ninfa, condesa de Valdeflor
Alejandro
Laura
César
Horacio
Julio
Cardenio
Fabio
Pompeyo
Una Mujer
Un Correo
Un Labrador
La Muerte
Un Ángel
Anselmo, ermitaño
Sileno, labrador
El Diablo Barquero
Jesús Cristo
Dos marineros
Alcino, labrador
Ergasto, labrador
Fileno, labrador
Un Pastor
Músicos, que son los labradores

Jornada primera

(Salen Roberto y Carlos de caza.)

Roberto   Dirás que no es necedad
la caza, en que el tiempo pierdes
y lo mejor de tu edad,
pues pasas los años verdes,
Carlos, en la soledad.
    Un filósofo decía
que solo un bruto podía
vivir en ella contento;
que al humano entendimiento
agrada la compañía.
    Tú, entre robles y entre tejos,
gustas de andar todo el año,
siempre de la corte lejos,
sin que te escarmiente en daño
ni te enfrenen los consejos.
    Donde vas tras un halcón
que, remontado y perdido,
imita tu inclinación.

Carlos   Los criados siempre han sido,
Roberto, de una opinión.
    ¿Cuándo el gusto en el servicio
pareció del dueño bien?
Porque es murmurar su oficio,
y estar quejosos también
de poca lealtad indicio.
    Nuestros altos pensamientos
desdicen de los intentos
que tenéis siempre vosotros,
y nunca estáis de nosotros

satisfechos ni contentos.
   Somos, cuando no gastamos,
miserables; cuando hacemos
grandezas, locos estamos,
si callamos, no sabemos;
si somos graves, cansamos;
   la llaneza nos estraga,
nada intentamos sin paga;
no hay cuando más les obliga
hombre que verdad nos diga
ni bien de balde nos haga;
   nunca tenemos amigos,
porque son nuestros criados
necesarios enemigos.

Roberto   Serán los poco obligados;
que los fieles son testigos
   que te sirvo como un perro
en el cuidado y lealtad,
siguiendo de cerro en cerro
tu caza o tu necedad,
siempre en perpetuo destierro;
   que de esto no he murmurado
por costumbre de criado,
de quien no hay señor seguro;
como hombre humano murmuro
por tu gusto desterrado.
   A ser las garzas, señor,
que venimos a volar
mozas, no fuera rigor
de un marqués de Mantua andar
hecho siempre cazador;
   pero una garza que al cielo
sube, ¿qué me importa a mí

que un neblí la abata al suelo
si mi apetito es neblí
de más ordinario vuelo?
    Toda mi volatería
es conquistar a Lucía
o a Marina, que jamás
se resistieron, y es más
descansada cetrería,
    comer bien, cenar mejor,
haciendo después, señor,
de la gala y del paseo
alfaneques del deseo
y tagarotes de amor;
    y no andar de sierra en sierra
con oficio que embaraza
y a tantos nobles destierra.
Responderás que la caza
es imagen de la guerra,
    que es de todos opinión
para que gusto no atajen
a los que de aquéste son;
y yo digo que a esta imagen
tengo poca devoción.
    Siempre que siendo aprendiz
del mar, que es danés Urgel,
me pongo el guante infeliz
y luego el halcón en él,
me considero tapiz
    y pienso que estoy colgado
en la sala de un letrado
entre David y Sansón.

Carlos   ¡Extraña imaginación!

Roberto	Estoy como halcón templado y pueden cantar en mí.
Carlos	¿Dónde dejaste, Roberto, nuestros caballos?
Roberto	Allí los dejé arrendados.
Carlos	Muerto, por socorrer al neblí, traigo el bayo.
Roberto	Mi alazán quiso correr por los vientos, y pienso que quedarán aguados como contentos, según cansados están.
Carlos	No hay que tener del halcón por esta noche esperanza.
Roberto	Ni aun de cenar, que es razón; de quien hace confianza en viento, castigos son, que como camaleones hemos de gastar del viento donde tu esperanza pones, que son torres sin cimiento las alas de tus halcones.
Carlos	Ningún cazador parece de los míos; y anochece a más priesa, ¿qué haremos?

Roberto	Buscar adonde cenemos,
	que fortuna nos ofrece
	aquí una hermosa alquería,
	aunque en edificios creo
	poco de la suerte mía
	hipócritas del deseo,
	todo vista y fantasía.
Carlos	No es bien la desautorices,
	que del dueño nos ofrece
	esperanzas más felices.
Roberto	Todo es ventanas; parece
	edificio de narices.
	Más que dormir me remedia
	a mí el comer, y habra sido,
	como dicen, vida media,
	ya que nos hemos perdido
	como reyes de comedia.

(Dentro relinchos y alegría.)

Carlos	Gente suena.
Roberto	Labradores
	deben de ser que de flores
	dulcemente coronados
	son ladrones de estos prados
	y cantando, ruiseñores.
Carlos	El trabajo y la labor
	deben de acabar.

Roberto	Es cierto, y se irán a Valdeflor.
Carlos	¡Alegre vida, Roberto!
Roberto	Para un jabalí, señor.

(Salen los Laura, Ergasto y los músicos y la Música, todos de villano con guirnaldas, y cantando esta letra.)

Músicos	«Que si viene la noche presto saldrá el sole, que si viene la noche, con la Luna alegre presto saldrá el sole, de estos campos verdes el día y la noche presto saldrá el sole.»
Roberto	Buenas noches, gente honrada.
Músico II	Vengan muy enhorabuena, que aliñada está la cena.
Roberto	Más el embite me agrada que la música, ¡par diós!
Músico III	Debemos de cantar mal.
Roberto	Traigo una hambre cerval, aquí para entre los dos, y ésa es la causa.
Músico II	No habéis

llegado a casa vacía.

Carlos

¿De quién es esta alquería?

Músico II

¿Sois noble y no lo sabéis?

Carlos

No estuve otra vez aquí,
porque esta vez que he venido
ocasión la caza ha sido
por socorrer un neblí
que ha que seguimos tres leguas
con este mismo cuidado,
hasta que la noche ha entrado
pidiendo al cansancio treguas,
que los caballos están
de cansados y rendidos
sobre la hierba tendidos.

Laura

Ergasto, ¿no es muy galán?

Ergasto

¿Ya le has mirado?

Laura

¡Pues no!
¿Estoy yo ciega?

Ergasto

Ojalá
quedes. Pues Laura, lo está
la que antes. Loca, miró.
Así fuerais las mujeres
ciegas como la Fortuna,
porque no hubiera ninguna
de tan varios pareceres;
la vista os echa a perder,
que para nuestros enojos

son basiliscos los ojos
de la más bella mujer.
　No habéis menester oídos
ni lengua, que si son bellos
y libres, tenéis en ellos
todos los cinco sentidos;
　que fuerais —no son antojos
sino experiencia de males—
bellísimos animales
a haber nacido sin ojos.

Laura 　　　　　Pues yo me los sacaré
por no darte pesadumbre.

Ergasto 　Y verás por la costumbre
que tienes de ver.

Laura 　　　　　　　　A fe
　que no imaginé jamás
darte celos.

Ergasto 　　　　　　No son celos,
sino unos nobles recelos
de estimarte, Laura, en más.

Carlos 　　Al fin, ¿Ninfa, la condesa
de Valdeflor, vive aquí?

Músico III 　Gusta del campo, y así
la caza también profesa,
　porque después que heredó
a Valdeflor, esa villa
que está del mar en la orilla,
aunque tan moza quedó,

se retiró a esta alquería,
donde de esta suerte pasa
que os he dicho.

Carlos

¿No se casa?

Músico II

¡Lindo es aqueso, a fe mía,
para su condición!

Carlos

¿Cómo?

Músico III

Da en aborrecerlo en suma.

Carlos

Mire que el tiempo es de pluma
para esperanzas de plomo,
y si le deja pasar,
pensando verse empleada
en un rey, vieja y burlada
será posible quedar
sin dejarle a Valdeflor
heredero, porque dura
poco la humana hermosura.

Músico II

No hay en Nápoles señor
que no la haya pretendido
para casarse con ella,
y ella a todos atropella
porque no quiere marido.
Su inclinación solamente
es el campo y ejercicio
de la caza, y no otro vicio.

Roberto

Debe de ser impotente.

Carlos	Calla, loco.
Músico II	De los hombres,

en tratándole, señor,
de casamiento o amor,
aborrece hasta los nombres;
   y como si un hombre fuera,
hace dos mil maravillas
a caballo en las dos sillas,
y a pie robusta y ligera.
   No hay quien la gane a tirar
todo cuanto alcanza a ver,
quien la aventaje a correr
ni quien la rinda a luchar.
   Fatiga al agua y el monte
con los perros diligentes
y con aves diferentes
las que tiene este horizonte,
   y así en el agua, en los vientos
y en la tierra poder tiene
y a ser absoluto viene
dueño de tres elementos.
   A competir con el Sol,
a quien en belleza gana,
salió al monte esta mañana
en un caballo español,
   sobre cuya piel manchada
mostró tanta bizarría,
que acobardó los del día
llenos de espuma dorada.
   Sobre una corta basquiña
un vaquerillo sacó,
que pienso que el Sol bordó,
porque de rayos le ciña,

formando crespas espumas
de oro el cabello en su esfera
con un sombrero o montera
hecho una selva de plumas;
    espada pendiente al lado,
una pistola al arzón
y en esta mano un halcón.

Carlos   ¡Bellamente la has pintado!
                    Parte de dicha habrá sido
                    perderme, aunque puede ser
                    que de ver esta mujer,
                    Roberto, esté más perdido.

Roberto   No hayas miedo, que no tienes
                    tan honrada inclinación;
                    si esta mujer fuera halcón,
                    pudiera ser.

Carlos   ¡Lindo vienes!

Músico II   Estimará la condesa
                    hospedar vuestra persona
                    por lo que el talle os abona
                    y su grandeza interesa,
                        que a muchos que por aquí
                    pasan lo mismo hacer suele.

Carlos   ¿No es hora ya de que vuele?

Músico II   Ya no tardará, que así
                        a recibirla salimos
                    muchos, cantando y bailando
                    todas estas noches cuando

viene de caza, y venimos
cantando delante de ella
y bailando, que le agrada
esta llaneza, cansada
de la corte.

Roberto   No hay doncella
de tan extrañas costumbres
desde un mar al otro mar,
amiga siempre de andar
entre brutos y legumbres,
siendo mujer tan hermosa.
Tórtola debió de ser
antes que fuese mujer;
no puede ser otra cosa,
porque tanta soledad
sin admitir compañía
es de la sospecha mía
prueba.

Laura   Tañed y cantad,
que la condesa nuesa ama
viene.

(Sale Ninfa, la condesa, acompañada de muchos pastores, en un caballo, con halcón en la mano, como se ha dicho.)

Carlos   ¡Gallardía excelente!

Músico II   Venga con bien.

Carlos   Justamente,
Roberto, Ninfa se llama.

Músicos	Que si viene la noche presto saldrá el sole.
Uno	Que si viene la noche con la alegre Luna presto saldrá el sole de nuestra hermosura.
Todos	El día y la noche, presto saldrá el sole.
Ninfa	Pasead ese caballo antes que al pesebre vais con él.
Músico II	Con salud vengáis; que no hay labrador vasallo vuestro, señora, que en viendo esa divina hermosura, respete la noche oscura que entra estos campos vistiendo. Agora empieza a nacer de vuestros ojos la aurora, y en estos prados, señora, el abril a florecer; agora el Sol ha salido y las aves se han cantado, el alba aljófar llorado y estas fuentes se han reído.
Ninfa	Guárdeos Dios a todos. Pues, ¿qué se ha hecho todo el día?
Laura	Desean, señora mía,

estos prados, vuestros pies;
   vuestros ojos, estas fuentes;
vuestras doradas mejillas,
las alegres maravillas;
los jazmines, vuestros dientes;
   que en tanto que estos favores
aguardan con vuestro aliento,
buenaa nuevas daba el viento,
mensajero de las flores;
   y a vuestro hermoso arrebol,
haciendo nosotros salva,
como pájaros al alba,
esperábamos al Sol.

Ninfa

   A tus ojos, Laura, hacían
esas lisonjas, que son
albas de más perfección
que a las del Sol desafían.

Músico II

   ¿Cómo os fue al fin por allá?
¿Hallastes en la laguna
garzas?

Ninfa

       Y entre muchas una,
que es cometa pienso ya.

Músico II

   ¿De qué suerte?

Ninfa

        Yo llegué
a la parte que esos cerros
la cercan, y con los perros
del agua la levanté,
   y por dar al viento velas,
quité, luego que la vi,

el capirote al neblí,
las lonjas a las pigüelas.
   Hizo una punta en el cielo,
y ella temiendo la punta,
al mismo cielo se junta
desmintiendo al neblí el vuelo;
   revuelve el halcón las alas,
y tan alta punta dio,
que encima de ella se vio
poniéndole al cielo escalas;
   vuelve a bajar como el viento
y el neblí sobre ella baja,
que parece que la ataja
por el mismo pensamiento;
   el pico en ella arrebola
dos veces y al viento iguala,
y por debajo del ala
le descompone la cola;
   otra vez la garza sube
con más furia que bajó,
y junto al Sol pareció
él átomo y ella nube.
   Llegó el neblí a acometella,
y pienso que en este estado
le dio en el cielo sagrado
el Sol por alguna estrella,
   que nunca más pareció;
y deslumbrado el neblí,
hecho un Ícaro, de allí
a la laguna bajó;
   socorríle, y a la tarde,
adonde la garza eché,
dos martinetes volé.

Músico II	Muchos años Dios te guarde para gloria, para honor de estos campos.
Roberto	¡Bien por cierto!
Carlos	Admirado estoy, Roberto; no vi gallardía mayor.
Ninfa	¿Quién es este caballero?
Roberto	¿No dirá —¡cuerpo de Dios!— vueseñoría estos dos?
Ninfa	Tenéis talle de escudero suyo más que de su igual.
Roberto	De talle sois entendida; mucho sabéis, por mi vida.
Carlos	Aparta.
Roberto	Trátame mal, por que no parezca bien. ¡Oh envidia, en cualquiera parte tu veneno se reparte!
Carlos	Tiemblo y ardo a su desdén con ser mayor su hermosura.
Roberto	Luego ¿estás enamorado?
Carlos	¡Y loco!

Roberto	Aun ese cuidado
	es disculpada locura.
Carlos	Quiero gozar la ocasión
	de haberme tan bien perdido.
Ninfa	Vos seáis muy bien venido.
	¡Hola! guardad ese halcón.
Carlos	Téngame vueseñoría
	por su esclavo.
Ninfa	Yo lo soy.
Carlos	Roberto, temblando estoy.
Roberto	¡Qué amorosa cobardía!
Carlos	Otro neblí me ha traído,
	que socorrer pretendí,
	más de tres leguas de aquí;
	donde tan dichoso he sido
	y espero tanto favor.
Ninfa	La persona y ejercicio
	de la caza dan indicio
	de vuestra sangre y valor.
	Cuando os falte ese neblí
	y no le podáis cobrar,
	bien podéis en su lugar
	serviros del que está aquí;
	que a fe que no es menos bueno
	que el vuestro, y le estimo en más
	que a Valdeflor, pues jamás,

estando el cielo sereno,
   se le escapó, si no es hoy,
en el viento martinete
o garza que no sujete.

Carlos   Puesto que buscando voy
   el que perdido no está,
no es razón ni cortesía
quitarle a vueseñoría
lo que estima tanto ya,
   antes presentarle entiendo
algunos que aún tengo alas
con que servirla.

Ninfa   Jamás
cuando dar algo pretendo
   di lo que menos estimo,
porque no es dádiva aquella
en que el dueño no atropella
grande valor.

Carlos   No me animo
   a ofreceros cosa mía,
que para vuestra grandeza
corto don es la riqueza
que toda el Arabia cría.

Ninfa   Conforme a mi condición,
no tiene cosa ninguna
de cuantas da la Fortuna
valor.

Carlos   Y tenéis razón.

Ninfa	Solo estimo en el presente
	el valor de quien le da;
	mas cesen ofertas ya,
	que es lisonja impertinente,
	   y entrad donde descanséis,
	que el halcón que habéis perdido
	puede ser, si aquí ha caído,
	que al nuevo Sol le cobréis,
	   que no es mala esta posada
	para una noche.

Carlos	El favor que ofrece vuestro valor, de que estáis acreditada, y os rinde esta soledad, no puedo dejar, señora, de recibir.

Ninfa	Desde agora
	será vuestra la mitad,
	   y toda entera también
	para cuando algunos días,
	venciendo melancolías
	que los tráfagos os den
	   de la corte, andéis cazando
	y lleguéis a esta alquería,
	que honráis.

Carlos	Si vueseñoría de esa suerte me va honrando, quedaré para servilla siempre corto y obligado.
Ninfa	Si os hubiereis bien hallado

mañana en esta casilla,
  y os quisiereis detener
a divertir algún día
en caza o pesca, os podría
alguna lisonja hacer,
  porque el duque generoso
de Calabria, cuyos pies
besan esos mares, que es
tan rico y tan poderoso,
  no me podrá aventajar.

Roberto

Pienso que te ha conocido.

Carlos

¿Cómo, estando sin sentido?

Ninfa

Estos campos y este mar
  diferentemente arados
rinden feudo a esta alquería
cada noche y cada día
de cazas y de pescados
  que me tributa Neptuno
con el anzuelo y las redes.

Carlos

Ser quiero a tantas mercedes
agradecido importuno,
  que por fuerza he de aguardar
algunos criados míos
que por mar, valles y ríos
perdidos deben de andar,
  y, no sé si tanto ya
como yo.

Ninfa

                No lo estáis mucho.

Carlos	¡Ay cielo! ¿Qué es lo que escucho?
Roberto	Picada pienso que está
	también; déjala poner
	en el anzuelo que mira
	y luego el carrete tira,
	que también Ninfa es mujer.
Carlos	Roberto, es ninfa del cielo.
Roberto	Está en carne humana agora.
Ninfa (Aparte.)	(¡Buen talle de hombre!)
Carlos	Señora,
	que soy grosero recelo
	en deteneros aquí.
Ninfa	Vamos.
Carlos	No digas quién soy.
Roberto	Ya sobre el aviso estoy.
Carlos	Mayor belleza no vi.
Roberto	Habla, atrévete, importuna,
	no acobardes los sentidos,
	pues a los más atrevidos
	favorece la Fortuna.
Carlos	Temo el natural desdén.
Roberto	Nunca quien temió venció.

Ninfa (Aparte.)	Venid. (No me pareció hombre en mi vida más bien.) ¿Cómo os llamáis?
Carlos	Yo, señora, Carlos.
Ninfa	Buen nombre tenéis.
Roberto	Y para lo que mandéis, yo Roberto, y seré agora por vos Roberto el diablo.
Ninfa (Aparte.)	(Carlos, atrevido andáis; dentro del alma os entráis.)
Roberto	¿A quién digo, con quién hablo? También soy de carne y güeso; labradora celestial, que estoy herido del mal de vuestros ojos confieso, que dentro el alma me ha hecho cosquillas y estoy perdido. Una mano sola os pido.
Laura	Ésa os hará mal provecho.
Ergasto	Hidalgo, apártese un poco, no se le llegue tan cerca a la labradora.
Roberto	¿Es terca? ¿tira coces?

Carlos	Yo voy loco.
Roberto	Y necio.
Ninfa (Aparte.)	(¿En qué ha de parar tanto porfiar, amor, que me güeles a traidor? ¡Ay Carlos!)
Laura	Volvé a cantar.
Músicos	«Que si viene la noche presto saldrá el sole.»

(Vanse todos cantando. Suena ruido dentro de embarcación y hablan dentro los marineros.)

Marinero I	Antes que sople más el viento, amaina. Tomaremos el faro de Mesina con más próspero tiempo.
Marinero II	Echa el esquife, tomaremos de tierra algún refresco, o por lo menos agua en esta playa.
Marinero III	Amaina, echa las áncoras a tierra. ¡Fondo, fondo!

(Sale Roberto por un lado del tablado o en alto.)

Roberto	¡Notable vocería!
Marinero I	De aquí saldremos a la luz del día.

Roberto	Nave llegó a la playa y fondo ha dado,
	que desde estos balcones con la Luna
	las blancas velas amainar se han visto;
	o viene de Mesina o pasa el faro
	cuyo estrecho de mar términos pone
	a las Sicilias dos, siendo de Rijoles
	el puerto de Mesina opuesta playa.
	¡Qué calma goza el mar! Dátiles pide;
	déselos, pues los tiene, Berbería.
	¡Oh, mala bestia! ¿Quién de ti se fía?

(Sale Carlos.)

Carlos	¡Roberto!
Roberto	¿Qué hay, señor?
Carlos	Dichosas nuevas.
Roberto	¿Has heredado a Nápoles acaso,
	o el neblí pareció? ¿Qué traes de nuevo?
Carlos	La aventura mayor que el cielo ha dado
	a un tierno, a un loco, a un firme enamorado.
Roberto	¿Tan presto estás enamorado y tierno,
	loco y firme? ¡Notable viento corre!
	Vuelve a cenar, que estás desvanecido
	y yo lo estoy de haber mejor bebido;
	porque en entrando aquí pregunté luego
	del santo botiller por la posada,
	y con tanto jamón seis veces tuve
	del vino Pusílico las veces,

aunque para mi sed bastaban heces.
Pero dime el suceso de tu historia.

Carlos

Roberto, Ninfa pienso que me quiere,
o me engaña mi propio pensamiento.

Roberto

A mí me preguntó si eras casado,
cuando entraba contigo.

Carlos

                      ¿Y qué dijiste?

Roberto

Que no, por no decir verdad en nada.

Carlos

La mentira, Roberto, fue acertada.

Roberto

Preguntóme tu estado, y respondíle
que eras señor de doce mil ducados
de renta y de los buenos de Sicilia,
aunque era de Calabria tu familia.

Carlos

Todo eso importa para el bien que aguardo.
Gozarla determino.

Roberto

                 ¿De qué suerte?

Carlos

Con una dama suya me ha enviado
a decir que me quiere hablar a solas;
que en abriendo la puerta de un retrete
que en esta parte está, con el recato
que es necesario llegue; y me apercibe
que como quien soy haga. Y yo pretendo
engañarla, Roberto, con la mano
de marido, y gozar la más felice
mujer que vio Calabria y que dio Grecia

a Troya para incendio.

Roberto   ¿Y si es Lucrecia
en los intentos castos?

Carlos   ¡Ah Roberto!
¿Qué mujer hay en la ocasión tan fuerte
que salga vencedora y no vencida
de un hombre tan a solas persuadida?

Roberto   ¿Y qué piensas hacer después?

Carlos   Estarme
gozando su hermosura algunos días
alargando las vanas esperanzas
del casamiento, que te juro, amigo,
que fuera su marido si Diana
me faltara esta noche.

Roberto   A su excelencia
guarde mil años Dios, pues es tan justo,
que más vale su vida que ese gusto.

Carlos   Están locos y ciegos los amantes,
y yo lo soy, Roberto, no te espantes.

Roberto   Ya han abierto la puerta, y la condesa
pienso que está a la puerta.

Carlos   Pues retírate.

(Asómase al paño Ninfa.)

Ninfa   A Carlos, mi señora está esperando.

Carlos	Y yo el alma en sus ojos abrasando.

(Éntranse; queda solo Roberto.)

Roberto	¡Entróse! ¡Vive Dios, aquesto es hecho!
	hágale al uno y otro buen provecho!
	Obligación me corre de esperalle,
	aunque mejor aquí que no en la calle.

(Vase. Salen los marineros.)

Marinero I	Ya con el alba parece
	que empieza el viento a soplar.

Marinero II	Y del faro estrecho el mar,
	alegre pasaje ofrece.
	Antes que otra vez el Sol
	que vuela en doradas plumas,
	vuelva a la cama de espumas
	por el ocaso español,
	si este viento por bolina
	dura, en favor está,
	fondo habremos dado ya
	en el puerto de Mesina.

Marinero III	Ninguna señal da el cielo
	que favorable no sea,
	donde la nave desea.

Marinero I	De los vapores del suelo
	a la parte de Levante
	unos celajes están
	que esperanzas ciertas dan

de viento.

Marinero II   Y en el semblante
de la Luna nos señala
el cerco que os dije yo,
cuando anoche se escondió
al dar fondo en esa cala.

Marinero III   Y ayer se vieron delfines
en el mar; en conclusión,
que cuando muchos no son
prometen prósperos fines.

Marinero I   Nunca faltaron jamás
esas señales, Leumeno,
estando el cielo sereno.

Marinero II   Ya se ha declarado más
el viento con la mañana.

Marinero I   Pues las áncoras alcemos
y al dulce Levante demos
el trinquete y la mesana.

(Salen Carlos y Roberto.)

Carlos   Si va a Mesina, Roberto,
será desmentir espías
dudando en las prendas mías.

Marinero I   Gente hay, Leumeno, en el puerto.

Marinero II   Deben de querer pasaje.

Carlos	En, ella nos embarquemos
	y de aquí a Sicilia iremos
	con poco matalotaje;
	de allí, volviendo a pasar
	el faro en una tartana,
	daré en Calabria mañana,
	que no hay diez de millas mar;
	que ésta es nave aragonesa,
	que a Sicilia para Malta
	viene por trigo, y sin falta
	va a Mesina.

Roberto	¿Y la condesa?
	¿Y Ninfa?

Carlos	No sé, Roberto;
	ya sigo nuevos cuidados.

Roberto	¿No esperas a tus criados?

Carlos	Que se han vuelto es lo más cierto
	a la corte.

Roberto	No te acabo
	de entender.

Carlos	Bien fácil es,
	si sabes lo que despúes,
	cuando el apetito, esclavo
	de sí mismo, se redime
	con la vitoria alcanzada
	cansa una mujer gozada
	aunque el amor más le anime,
	y más si de las promesas

resultan obligaciones.

Roberto	Pues ¿no gozan esenciones,
	duque, las que son condesas,
	tan nobles, tan estimadas
	que fueron soles y lunas?

Carlos	Roberto, todas son unas
	en llegando a ser gozadas.

Roberto   No ha durado todo un hora.

Carlos	César en la impresa fui
	que partí, llegué y vencí,
	y vuelvo la espalda agora,
	que es más triunfo.

Roberto   ¿De qué suerte
la dejas?

Carlos   Durmiendo queda,
porque persuadirse pueda
que soñó cuando despierte.

Roberto	Esta vez, a su despecho,
	en su tragedia cruel,
	hará de Olimpa el papel,
	pues tú el de Vireno has hecho;
	y a la nave y al mar cano
	dará voces como loca
	subida en un alta roca,
	y será el quejarse en vano.

Carlos   Ésta es la traza mejor;

que por tierra ser pudiera
que, ofendida, me siguiera,
y fuera el daño mayor
  si llegara a los oídos
de la duquesa.

Roberto   ¿El neblí
al fin dejamos aquí?

Carlos   ¿No basta llevar sentidos?

Marinero I   El viento ha picado el mar
favorable al marinaje.

Marinero II   ¡Buen viaje!

Marinero I   ¡Buen pasaje!

Marinero II   ¡Alto, a embarcar y a zarpar!

Roberto   ¿Estos fueron los amores
y finezas?

Carlos   Ten por cierto
que antes de gozar, Roberto,
todos somos habladores.

(Vanse todos. Sale Ninfa como que sale de la cama, medio desnuda.)

Ninfa   ¡Hola, hola! ¿No hay ninguno
que me responda? ¿No vela
sino solo mi cuidado?
¡Hola! Mi desdicha es cierta.
¡Hola, hola! El eco mismo

me da escasa la respuesta,
que una mujer desdichada
endurece más las piedras.
¡Hola!

(Salen los dos músicos como salieron al principio, de villanos y la Música con ellos, que es Laura, pastora, y Ergasto.)

Músico II   ¿Qué mandas, señora?

Músico III   Voces daba la condesa.

Ninfa   ¿Sabéis de Carlos?

Músico II   ¿Qué Carlos?

Ninfa   Uno que el alma me lleva.

Laura   ¿Carlos le ha llevado el alma?
                         Loca está.

Ninfa   ¿No se os acuerda
                         del huésped que encontré anoche
                         y le di posada y cena,
                         y el alma con la posada
                         para partirse con ella?

Músico II   ¿No quedó contigo a solas?

Ninfa   ¿Por qué averiguo sospechas
                         que están ya tan de su parte?
                         ¡Ah, ingrato Carlos!

Músico II   ¿Qué ofensas

te ha hecho el güésped ingrato
que lloras y te lamentas,
para que tomando todos
tus labradores sus yeguas,
le sigamos, aunque el viento
tomar por sagrado quiera?

Ninfa   ¿Qué mayor ofensa, amigos,
que en el honor, en fuerza
del gusto, en la libertad
del albedrio, en la prenda
más respetada del alma,
en la joya que más precia
la noble sangre, en la vida,
pues no se estima sin ella?
Seguidle todos, seguidle,
y si hiciere resistencia,
para no volver, matadle.
No le matéis... Pero muera...
No, esperad.

Músico II   ¿Qué determinas?

Ninfa   No sé, amigos. Dadme apriesa
un caballo tan veloz
que a mi pensamiento exceda,
que yo seguiré su alcance
mejor, porque en la carrera
venceré el viento volando,
que siempre amor alas lleva.

Músico II   Ya están por él.

Ninfa   Ya se tardan.

Laura	¿Qué novedades son éstas, de amor y de honor, Ergasto?
Ninfa	¿Qué esperáis?
Laura	Ergasto, vuela.

(Sale un Pescador.)

Pescador	Si te ha ofendido, señora, el que anoche en esta mesma casa albergaste con tanto noble decoro y grandeza, ya es imposible vengarte; que esa nave aragonesa que al mar da velas agora, soberbia de verse en ella, burlándose de tus iras, a tu ingrato güésped lleva, no sé si a España o Sicilia, a Francia o a Ingalaterra, que al primer reír del alba le vi embarcándose en ella, viniendo de echar un lance para que con varia pesca, tan vil güésped regalases, y alargándose de tierra dieron las velas, zarpando que ya del viento se empreñan, a cuya soberbia ayudan los clarines y trompetas con la saloma ordinaria, las flámulas y banderas;

mas vuelve, y verás la nave
que ya del puerto se aleja.

Ninfa   Calla, no más, que me matas,
y esos clarines que suenan
al viento, son en mi muerte
músicos de mis obsequias.

(Aquí tañen, y pasa la nave, si la hubiese.)

¿Es verdad esto que miro?
¡Villano güésped, espera,
que te me vas con la paga,
si no es la paga mi afrenta!
¿Dónde me llevas el alma,
que con tan grandes ofensas
echará a fondo el navío
que más que la tierra pesan?
¿Cómo, güésped enemigo,
por dulces abrazos truecas
olas del mar y una casa
que a tantos vivos encierra.
Monstruo fiero, en quien las jarcias
parecen nervios y venas,
caballo del mar con alas
que para mi daño vuelas.
Cárcel movediza, arado
de las olas, que no dejas
acabando de pasar
la señal del surco apenas;
monte arrojado en las aguas,
cuyas secas arboledas
son mástiles y mesanas,
raíles, cables y cuerdas;

caballo griego preñado
de traiciones y promesas,
para fuego de la Troya
que dentro en mi pecho queda.
¡Plega a Dios que en un escollo
o en algún banco de arena
dejes la gavia y las jarcias
y la quilla en las estrellas!
¡Rayos los cielos airados
en tu plaza de armas lluevan;
el viento te rompa el árbol,
el agua las obras muertas;
a la pelota contigo
de la mar y de la tierra
jueguen los vientos y falta
hagan en alguna peña,
    y ese ingrato que llevas,
cuando todos escapen solo él muera!

Músico II	Mira quién eres, señora. Vuelve en ti.
Ninfa	Dejadme, afuera, que estoy loca, que me abraso.
Laura	¡Hay desdicha como aquésta!
Ninfa	Dejadme todos, dejadme, que en el mar...
Músico II	Señora, espera.
Ninfa	Dejadme morir, amigos. ¿Qué importa que yo perezca?

Músico II	Mucho importa a tus vasallos.
Ninfa	¿Para qué queréis condesa
	y una señora afrentada
	con la culpa de esta pena?
	Pero yo me vengaré
	de este agravio, de esta ofensa,
	aborreciendo las vidas
	de los hombres de manera
	que hasta encontrar con mi ingrato
	he de matar cuantos vea;
	porque es bien que paguen todos
	lo que un hombre solo peca,
	y saliendo a los caminos
	como víbora sedienta
	de su sangre, me pregono
	por pública bandolera,
	y de no tener, al cielo
	juro, con hombre clemencia
	hasta morir o vengarme.
Músico II	¿De quien eres no te acuerdas,
	señora?
Ninfa	Ya de la nave
	no se descubren apenas
	los penoles de las gavias.
	¡Mal haya, amén, la primera
	mano ingrata que esas tablas
	con resina, pez y brea,
	juntó para mi desdicha
	y para tantas ofensas!
	Pero ¿de qué cosa pudo

en la mar como en la tierra
ser la codicia inventora
que no fuese inorme y fea?
¡Qué lejos va de los ojos!
Ya parece que al Sol llega
tendidas las alas pardas
el águila de madera.
¡Oh, aleve máquina!
Bajes al centro pedazos hecha,
porque enseñes las entrañas
que tantos males encierran,
   ¡y ese ingrato que llevas
cuando todos escapen, solo el muera!

Fin de la primera jornada

Jornada segunda

(Salen Carlos y la duquesa Diana.)

Diana   ¡Tristeza sin ocasión!
Llámela vueseñoría
natural melancolía.

Carlos   Duquesa, tenéis razón;
triste sin causa me siento.

Diana   ¿Cuándo vos serlo soléis,
si no es, duque, que lo estéis
de algún nuevo pensamiento?
Siempre la melancolía
es efeto natural,
y desde el principio mal
que con la sangre se cría.
Ésta es imaginación,
no propia naturaleza;
Llamadla, duque, tristeza
que habrá tenido ocasión.

Carlos   Tristeza o melancolía,
yo estoy sin gusto.

Diana   Será
de alguno nuevo.

Carlos   Ya está
cansada vueseñoría.

(Vase Carlos.)

Diana   La que llega a cansar a su marido
no ha menester en las celosas flechas
averiguar testigos de sospechas,
ni hacer linces los ojos ni el oído.
    Ni importará sacar contra su olvido
de Amor las paces una vez deshechas,
con suspiros, con lágrimas y endechas,
agua del alma y fuego del sentido.
    Excusar de él querellas me parece;
haga su curso Amor, que es apetito,
y aquello que le privan apetece,
    que si estrecharle a celos solicito
es prisión en que más se ensoberbece,
y añadirá a un delito otro delito.

(Sale Roberto.)

Roberto   Aquí la duquesa está.
Siempre que por no encontrarla
determino barajarla
más veces la encuentro.

Diana   Ya
viene en su busca Roberto,
y de encontrarme le pesa;

Roberto   Ya me [ha] visto la duquesa.

Diana (Aparte.)   (¿Habrán hecho algún concierto
para sus melancolías?)

Roberto   ¿No estaba, señora, aquí
el duque, mi señor?

Diana	Sí, Roberto. ¿Qué le querías?
Roberto	Yo, servir a su excelencia; llamóme, y vine a buscarle.

Diana	¿Adónde quieres llevarle?
	¿Hay nueva dama en Cosencia?
	  ¿Ha venido fruta nueva
	a la corte a que llevar
	al duque, que en el lugar
	antes que nadie la prueba?
	  ¿Tráesle recado o papel
	de alguna impresa que alcanzas?
	¿Hay ya nuevas esperanzas?
	¿Muéstrase menos cruel?
	  ¿Dice que hablará esta noche
	al duque, cuando dormido
	esté el padre o el marido?
	¿Quiere joyas, pide coche?
	  ¿Qué tenemos?

Roberto	Vueselencia hacerme merced solía.
Diana	¡Qué gentil hipocresía! Ya me falta la paciencia. ¿Qué merced os he de hacer, si sé que sois su alcahuete?
Roberto	Que a vueselencia respete siempre forzoso ha de ser; pero miente el lisonjero, vueselencia me perdone,

que de envidia mal me pone
con quien agradar espero
　　más que al duque mi señor,
porque ven que en su privanza
tanto mi ventura alcanza.
Antigua plaga y rigor
　　de criados a señores,
que en viendo alguna ocasión,
como no los oigan, son
lisonjeros y habladores.
　　No tienen penas pequeñas,
por los chismes que engendraron,
los primeros que inventaron
los escuderos y dueñas.
　　¡Mal haya tan mala gente,
aunque entre con ellos yo!

Diana

¿Cuándo, Roberto, se vio
condenarse el delincuente
　　sino es dándole tormento?

Roberto

Esos músicos cobardes
hacen en palacio alardes,
sin él, de culpas de viento.

Diana

　　Roberto, lo que yo veo
no lo he menester oir.

Roberto

¿Qué es lo que quiere decir
vuecelencia?

Diana

　　　　Que deseo
que al duque no divertáis;
que sé que os sirve la caza

de estratagema y de traza
para lo que deseáis,
   y que sabéis, con achaque
de socorrer un neblí,
perderos los dos, y ansí,
sin que otro ninguno os saque
   de rastro en más de seis días
donde más gusto tenéis,
libres os entretenéis
a costa de penas mías.
   Esto y otras cosas sé,
aquí y fuera del lugar,
que se pueden remediar,
o yo las remediaré.

Roberto   Mire vueselencia bien
que me está tratando mal;
que al duque le soy leal
y a vueselencia también;
   que más que a mí no es razón
dar crédito a aduladores;
mas ya es plaga en los señores
la primera información.

Diana   Esto sé de cierta ciencia.
Procurad vos que se impida,
que os haré quitar la vida
por vida de su excelencia.

(Vase la duquesa Diana.)

Roberto   ¡Oh, palacio cruel, casa encantada,
laberinto de engaños y de antojos,
adonde todo es lengua, todo es ojos;

51

cualquier cosa es mucho y todo es nada.
　　Galera donde rema gente honrada
y anda la envidia en vela haciendo enojos;
hospital de incurables, que a hombres cojos
das siempre una esperanza por posada.
　　Calma del tiempo, sueño de los días;
pues son viento las pagas de tus gajes;
vano manjar de camaleones buches.
　　Sean tus escuderos chirimías;
órganos tus lacayos y tus pajes;
tus dueñas y doncellas sacabuches.

(Sale Carlos.)

Carlos　　　　　　Pues, Roberto, ¿dónde vas?

Roberto　　　　　A pedirle a vueselencia,
para dejarle, licencia.

Carlos　　　　　　¿Qué dices?

Roberto　　　　　　　　No pienso más
　　servirle en toda mi vida.
Más quiero estarme en mi casa
que aguardar la dicha escasa
de una esperanza perdida.
　　No lo pasaré muy bien;
mas con mi pobre caudal
vendré a hallarme en menos mal
y más dichoso también,
　　que me basta el no servir
y la quietud por riqueza.

Carlos　　　　　　Vaguidos traes de cabeza;

gana me das de reír,
y en el estado en que estoy
no es pequeña maravilla.

Roberto   Rico con una escudilla
como el filósofo voy,
que le pareció después
que le sobraba advirtiendo
uno que estaba bebiendo
con la mano.

Carlos   No me des
más pesadumbres, Roberto,
pues sabes que nadie alcanza
conmigo mayor privanza.

Roberto   Que me haces mercedes, cierto;
pero es con grande embarazo,
que quien sirve a señor ya
casado es como el que está
malo del hígado y bazo;
que lo que aprovecha al uno
suele hacer al otro daño.

Carlos   Ha sido el ejemplo extraño.

Roberto   Pues yo no seré importuno
en aplicar el ejemplo.

Carlos   Ya estoy aguardando, di.

Roberto   En mi señora y en ti
bazo e hígado contemplo.
Tú eres el hígado, y ella

ha de ser por fuerza el bazo;
remedios de agrado trazo
ayudado de mi estrella,
   de entretener y servirte,
y el bazo, que es mi señora,
sospechas y celos llora
de agradarte y divertirte;
   y si dejándote a ti,
al bazo quiero agradar
con pretenderle llevar
chismes de aquí para allí,
   luego el hígado está malo
y anda en mudanzas de Luna
el hombre en baja fortuna,
aquí el mando y allí el palo.
   Ya el bazo mucho se enfría,
ya el hígado se calienta,
ya la opilación se aumenta,
ya se engendra hidropesía;
   uno es flaco y otro es fuerte,
y ambos a dos embarazo,
y ando con hígado y bazo
entre la vida y la muerte.

Carlos	¿Qué es lo que te ha sucedido de nuevo?
Roberto	Llamóme agora alcahuete, mi señora; dándome de prometido, por lo menos de la vida, tan escasas esperanzas, que me estorban tus privanzas.

Carlos	De celos está perdida.
Roberto	Pues ¿hay novedad agora con repentina afición?
Carlos	Memorias pasadas son que el alma por sueños llora.
Roberto	¿Cómo memorias pasadas?
Carlos	Ninfa me tiene sin mí.
Roberto	¿Con eso sales aquí?
Carlos	Pienso que fueron soñadas las glorias que gocé entonces, y envidio, Roberto, agora, pues su ausencia me enamora.
Roberto	La afición tienes de gonces, que la vuelves a mil partes. Arpón de amor te has tornado; no te entenderá un tejado.

Carlos	Tiene Amor extrañas artes,
	   Roberto, de perseguir
	al que de él piensa que sale
	libre cuando al viento iguale
	y ufano piensa vivir.
	   Después que llegué a Cosencia,
	Roberto, con las memorias
	de tantas sonadas glorias
	pierdo el seso y la paciencia;
	   que el ausencia las más veces

	acrecienta la pasión
	y despierta el afición.
Roberto	De más colores pareces
	que el arco que pinta el cielo.
Carlos	El Amor me ha condenado
	la ingratitud en cuidado
	y la mudanza en recelo;
	loco estoy, Ninfa me abrasa;
	¿qué haré, Roberto?
Roberto	No sé,
	que al bazo dañar podré.
Carlos	Eso de límite pasa.
	Deja necedades ya,
	acude al remedio mío.
Roberto	Por fuerza habrá de ser frío
	para el calor con que está,
	del hígado vuecelencia,
	olvidos son menester.
Carlos	Esos ¿cómo pueden ser
	si más me abraso en su ausencia?
Roberto	Pues al remedio acudamos
	del clavo que uno a otro saca.
Carlos	Ésa no es buena triaca
	para mi veneno.
Roberto	Vamos

a verla.

Carlos   Ése es el mejor.

Roberto   Cuando es tan grave dolencia
aplica al dolor de ausencia
ungüento de ojos, Amor.
  Mas ¿con qué traza ha de ser
si mi señora por traza,
ha condenado la caza
con que la pudieras ver
  a costa de otro neblí,
puesto que así no podías
gastar allá muchos días?

Carlos   Pues ello ha de ser ansí.
  Yo he de fingir que he tenido
del rey mañana una carta
en que me manda que parta
a Nápoles. Advertido
  que con diligencia sea,
que en la corte mi persona
a cosas que a la corona
son importantes, desea,
  y así con pocos criados,
y por la posta, saldré
de Cosencia, y fin daré
con Ninfa a tantos cuidados,
  que ya me tienen a pique
de morir; y claro está
que a mis disculpas dará
crédito que certifique
  la fineza de mi amor.

Roberto	¿Piensas hablarla verdad en lo que a tu calidad toca?
Carlos	Ya fuera rigor, Roberto, el fingido trato.
Roberto	¿Y el casamiento?
Carlos	No sé. Vamos, que yo trataré como no parezca ingrato y estará toda sospecha segura con lo que trazo.
Roberto (Aparte.)	(¡Plega a Dios no dañe al bazo lo que al hígado aprovecha!)

(Vanse. Salen por el monte abajo, Alejandro y César, de salteadores, y todos los que puedan, y Ninfa detrás con bastón y de bandolero.)

Ninfa	Éste es buen puesto por hoy. En los que he mandado estén esos soldados con quien dando guerra a Italia estoy y al mundo; que aunque la humana sangre toda de él vertiera, satisfecha no estuviera mi hidrópica sed tirana; y siendo eterna homicida, no tendrá con la que vierte mayor amigo la muerte, mayor contrario la vida. Que con la fiereza extraña

que al paso esperando estoy
un risco, un escollo soy
de aquel mar, de esta montaña;
    tanto, que llego a temer
que han de venirme a faltar
vidas que poder quitar,
muertes que poder hacer;
    y de mi cólera fiera
pienso, de crueldad armada,
que no he de quedar vengada
cuando todo el mundo muera.

Alejandro   Quien mira tu gentileza
publica, Ninfa, que bajas
a matar con dos ventajas:
de hermosura y fortaleza;
    que dando a los enemigos
muerte fiera con tus manos,
con tus ojos soberanos,
no perdonas los amigos.
    Mira, si a todos maltratas,
de qué modo han de seguirte
los que vienen a servirte,
si de guerra y de paz matas.
    Todos tus armas tememos,
porque vienen más armados
tus ojos que tus soldados;
pero ya que no podemos
    escapar de ser despojos
de tu valor invencible,
enséñanos, si es posible,
a defender de tus ojos.

Ninfa   Alejandro, yo te he hecho,

59

a ti y a César, mi honor
fiando y viendo el valor
del uno y el otro pecho,
   capitanes de quinientos
hombres que se me han llegado,
escogiendo por sagrado
de sus vivos pensamientos
   esta montaña en que estoy
del real camino y playa
más vigilante atalaya,
donde en mi venganza soy
   un esfinge cada día
dando, despeñando, muerte
a cuantos su corta suerte
y dichosa suerte mía
   traen a morir a mis manos;
y lo mismo te prometo
si me pierdes el respeto
—ipor los cielos soberanos!—
   porque no estoy con los hombres
tan bien que he de perdonarlos.
Pues ves que salgo a matarlos
aborresciendo sus nombres,
   tus locos atrevimientos
puedes desde hoy refrenar,
porque sabré castigar
palabras y pensamientos.

Alejandro   Perdona si te ofendieron,
que a tu valor no vencido
atrevimientos no han sido;
alabanzas solas fueron
   que yo estimo...

Ninfa	No es materia para hablar en ello más.
Alejandro	Con razón airada estás.
César	Hoy por fuerza de la feria de Salerno han de pasar percachos y mercaderes.
Ninfa	No ofendáis a las mujeres; los hombres podéis matar, robándoles cuanto llevan, que yo solamente quiero las vidas. Tomá el dinero vosotros y no se atrevan a hacer ofensa a ninguna mujer, porque colgaré a quien gusto no me dé. Toda la mala fortuna corran los hombres, que son los que me ofenden no más, y escarmiente a los demás mi fiera satisfacción.
César	De diferentes cabezas tienes llenos estos tejos, que parecen desde lejos fruta que dan sus malezas, sin las que ha tragado el mar.
Ninfa	¿A cuántos di muerte ayer?
César	Noventa deben de ser.

Ninfa

¡Qué, no pudieron llegar
   a ciento! Corta tarea;
yo la llenaré otra vez,
que hoy han de ser ciento y diez.

Alejandro

No hay quien de una mujer crea
   extremo tan inhumano.

(Dice dentro una Mujer, lastimosa.)

Mujer

¡Justicia, cielos, os pido!

Ninfa

A ver qué es ese ruido;
id luego y no será en vano,
   que parecen de mujer
estas quejas.

Alejandro

                    Los dos vamos
a servirte.

César

                    Entre estos ramos
sin duda deben de ser.

Ninfa

        Si es mujer no permitáis
que la ofendan.

Alejandro

                        Será ansí
como lo mandas.

Ninfa

                        O aquí
donde estoy y donde estáis
   colgaré al que la ofendiere
de un roble.

Alejandro	¡Justo rigor!
Ninfa	Y lo demás no es valor, sino vileza.

(Vanse Alejandro y César, Sale Pompeyo.)

Pompeyo
Si fuere
tan dichoso que a mi intento
corresponda mi crueldad,
hoy gozo la libertad
sobre las alas del viento.

Ninfa
¿Dónde vas, hombre?

Pompeyo
A buscarte,
si eres, Ninfa, la condesa.

Ninfa
Aunque ser quien soy me pesa,
quién soy no puedo negarte.
¿Qué quieres?

Pompeyo
Como he sabido
que, ofendida y agraviada,
con la pistola y la espada
rayo de Calabria has sido
y que en ella son tus hombres,
Ninfa, monstruo del Amor,
condesa de Valdeflor
y enemiga de los hombres,
y que en Calabria has juntado
todos los más animosos
valientes y sediciosds,
yo, a tu valor inclinado

y a este famoso ejercicio
con que matas tantos hombres
de tan diferentes nombres,
porque agradarte codicio
   y servirte juntamente,
colgada dejo de un roble
a mi mujer, que aunque es noble,
discreta, cuerda y prudente,
   es propia mujer, en fin,
que le basta por delito,
y al viento en tu busca imito.

Ninfa   Ha sido para tu fin;
   que yo no amparo crueldad
contra mujer, que ésa es sola
la impresa que sigo. ¡Hola!
De ese roble le colgad
   adonde le puedan ver,
y la misma muerte siga
con un letrero que diga:
«Por traidor, a una mujer.»

Pompeyo   ¡Señora!

Ninfa   Llevadle.

Pompeyo   El cielo
me castiga justamente.

(Salen Alejandro y César, sacan a la Mujer.)

Alejandro   Ésta es la mujer.

Ninfa   Detente.

Mujer	Mayor desdicha recelo.
Ninfa	¿No la dejaste colgada?
Alejandro	Con las espadas cortamos el cordel cuando llegamos.
Ninfa	La intención ejecutada merece el propio castigo a su pensamiento doble; colgadle del mismo roble.
Mujer	Señora, aunque es mi enemigo, es mi marido en efeto. No le matéis.

Ninfa	¿Qué mujer
	llegar pudo aborrecer
	cuando tuvo amor perfeto?
	  Mi ejemplo he mirado en ti;
	levanta, mujer, no muera,
	y será la vez primera
	que hombre he perdonado aquí;
	  y agradezca que ha traído
	por padrino a una mujer,
	que con mirarse ofender
	a ser su vida ha venido,
	  que no se escapara ansí.

Pompeyo	Beso tus pies, que yo voy arrepentido y no estoy, después que te miro en mí, que te pintaban más fiera

de lo que señales das.

Ninfa
Soylo con hombres no más
hasta que un ingrato muera.
   Tú te quedarás conmigo
agora, y a tu mujer
podrán saldados volver
a su lugar.

Pompeyo
                    Pues contigo
seré un Pompeyo, que así
es mi nombre.

Ninfa
                         ¿De adónde eres?

Pompeyo
De Casano.

Ninfa
                         Si no fueres
hombre de importancia, aquí
   no te faltara castigo
como al que a infamias se atreve
y no es bien consigo lleve
tu mujer a su enemigo.

Mujer
   Como muerte no le des,
hácesme muchas mercedes.

Ninfa
Partirte a Casano puedes
luego.

Mujer
                    Bésote los pies.

Ninfa
   Una escuadra de soldados
haced que baje con ella,

porque no pueda ofendella
nadie.

Alejandro   Ya están aprestados.

Mujer   Dete la Fortuna el bien
                              que darte, señora, puede.

Pompeyo   Como yo sin ella quede
                              viva mil siglos, amén.

(Llevan la Mujer. Sacan un Correo con una maleta con cartas.)

César   Entra, borracho.

Ninfa   ¿Qué es eso?

Correo   Mi mala suerte.

César   Un correo.

Ninfa   Días ha que le deseo.

César   Lleva la maleta peso.

Correo   Todas son cartas.

Ninfa   Tú llevas
                     famosa mercadería
                     pues vas la noche y el día
                     de papel cargado y nuevas.
                          ¿De dónde vienes?

Correo   Señora:

de Nápoles.

Ninfa

¿Qué se dice
allá de mí?

Correo

Apenas hice
venta en Nápoles un hora
cuando me hicieron con esto
partir a Trento.

Ninfa

Si fuera
a esotro mundo, pudiera
ser que llegaras mas presto.

Correo

¿De qué suerte?

César

Hay un despacho
para el infierno; ¿qué dudas?

Correo

Debéis de escribir a Judas,
que fue calabrés.

César

¡Borracho!
¿quieres que te dé?

Ninfa

Abrid luego,
entretanto, esa maleta
que descansa la estafeta,
y no dejéis ningún pliego
que no abráis, para saber
lo que hay de nuevo en la corte,
porque puede ser que importe.

Correo

¿Qué descanso ha de tener

	quien vuestro rigor espera sin daros más ocasión?
Ninfa	Acabad.
Correo	Mirad que son despachos del rey.
Alejandro	Que fuera.
Ninfa	Id deshaciendo los pliegos.
César	Mostrad acá. ¡Qué cruel embarazo de papel!
Ninfa	¡Qué de engaños, qué de ruegos, qué de avisos, qué de amores, qué de agravios, qué de miedos, qué de mentiras y enredos, qué de trampas, qué de flores, de falsas correspondencias, de engañadas amistades, de veras, de necedades, buenas y malas ausencias deben de venir ahí! César, empieza a leer.
César	Aquí dice: «A mi mujer».
Ninfa	Abre el pliego.
César	Dice ansí: «Dos meses ha...»

Ninfa	No prosigas,
	que en su afrenta se aconseja
	hombre que dos meses deja
	a su mujer.
César	Bien la obligas
	si ella llegara a escuchar.
	«A Lisarda», dice aquí.
Ninfa	Abre y lee.
César	Comienza así:
	«Dueño mío, si de amar
	tu soberana hermosura,
	el Amor no me pagara
	volviéndome loco...»
Ninfa	Para;
	que ese es ingrato y procura
	engañar a esa mujer;
	porque si bien la quisiera,
	adonde ella está estuviera.
	Rompe.
César	Ya empiezo a romper.
Ninfa	¿Qué pliego es ése?
César	«A Sisberto,
	mercader», dice.
Ninfa	Será
	cédula alguna.

César   Aquí está.

Ninfa   Que fue para mí es más cierto.
               ¿Qué es la cantidad?

César   Dos mil
               ducados a letra vista.

Ninfa   ¿A quién?

César   A Claudio Bautista
               y a Juan María Gentil.

Ninfa   Ginoveses son, por Dios,
               que se han de dar por la posta;
               éstos de ayuda de costa
               se tomen para los dos,
                  César y Alejandro.

Alejandro   El cielo
               edades largas te guarde.

Ninfa   Y partiránse esta tarde
               a cobrarlos.

César   Todo el suelo
                  de la Europa a tus pies sea
               alfombra no merecida,
               y de tu fama y tu vida
               los eternos siglos vea.

Ninfa   Pasa adelante.

César   «Gaceta

—dice aquí—, a Celio.»

Ninfa   Ésas son
nuevas.

César   El primer renglón,
si el pecho no te inquieta,
con tu nombre empieza.

Ninfa   Di,
que no hay cosa que mi pecho
sobresalte, satisfecho
del valor que vive en mí.

(Lee.)

César   «Ninfa; Condesa de Valdeflor, olvidándose
de quién es y viéndose burlada de cierto
caballero, con quinientos hombres y más
anda robando por los caminos de Calabria
y abrasando los lugares convecinos, y hoy
por mandado del rey han pregonado su talla
en diez mil escudos y libertad de sus
delitos, y si fuere compañero suyo el que
trujere su cabeza, muchas más mercedes.»

Ninfa   No pases más adelante,
que a la estafeta que lleva
ese pliego, por la nueva
quiero dar porte importante.
¡Hola! Echad esa estafeta,
para que pueda llegar
presto al infierno, en la mar,
y en el cuello la maleta.

Correo	¡Piedad!
Ninfa	No hay piedad, villano; llevalde luego de ahí.
César	Por el viento desde aquí, le verás ir al mar cano.

(Llevan el Correo y sacan dos músicos, de camino, la capas al hombro y las guitarras debajo del brazo.)

Alejandro	Llegad.
Ninfa	¿Quién son éstos?
Músico I	Dos músicos míseros somos.
Alejandro	Y tenéis muy buenos lomos para un remo.
Músico II	Guárdeos Dios por la merced.
Ninfa	¿Dónde vais?
Músico I	A Nápoles.
César	¡Buena gente!
Ninfa	¿Y es música solamente la pretensión que lleváis?

Músico II   Señora, sí, que en la corte
                   suele estimarse.

Ninfa   Cantad,
                   que yo os diré la verdad,
                   y si no es cosa que importe,
                       aquí os quedaréis mejor
                   y excusaréis de cuidados.

Músico I   ¿Cómo?

Ninfa   De un roble colgados
                   o en el mar. Perdé el temor
                       y cantad.

Músico II   Danos licencia
                   para templar.

Ninfa   No cantéis
                   si habéis de templar, pues veis
                   que tengo poca paciencia.
                       El uno cante no más.

Músico I   Escucha.

Ninfa   Ya estoy atenta,
                   aunque no quiere mi afrenta
                   que esté con gusto jamás.

(Canta el Músico I.)

Músico   «Bordaba el alba las flores
                   que afrentó la noche fría;
                   cantaban al Sol las aves,

74

lloraban las tortolillas,
cuando, buscando los brazos
del duque Vireno, Olimpa
sombras ciñe, engaños toca;
despierta, llora y suspira,
salta del desierto lecho,
corre al mar, su arena pisa,
y de la peña más alta
la nave del duque mira.»

Ninfa   Arrojad esos villanos
a la mar, pues con Olimpa
y con Vireno me cantan
ejemplos de mi desdicha.

Músico I   Señora...

Ninfa   Arrojadlos luego
de aquesas peñas vecinas,
que son cisnes que cantando
hoy mi muerte solicitan;
y dejadme todos sola,
porque no quiero a la vista
tener ningún hombre.

César   Vamos.

(Déjanla sola todos.)

Ninfa   ¡Ay, memorias enemigas,
qué fuego habéis en el alma
revuelto! ¡Qué de mentiras,
qué de promesas y agravios,
qué de palabras fingidas!

¡Ay, Vireno! Fiero el mar,
cuyas mudanzas imitas
con ingratitudes tantas,
te dé sepulcro.

(Salen Carlos y Roberto, desnudas las espadas, y acosándolos Alejandro,
César y otros bandoleros.)

Carlos   Las vidas
hemos de vender muy bien;
que también pólvora espiran
y balas estos cañones,
y son de acero estas limpias
espadas.

Alejandro   ¡Rendíos, villanos!

Roberto   ¡Mentís! Y las obras sirvan
en lugar de las palabras,
bandoleros de mentira.

(Ahora salen todos.)

Ninfa   Teneos; ¿qué es esto? Apartad;
no los ofendáis.

Carlos   ¿No es Ninfa
ésta, Roberto?

Roberto   Señor,
o es su imagen o ella misma.

Ninfa   ¿No es aqueste Carlos? ¡Cielos!
¿Es del alma fantasía?

¿Es sueño?

| César | Los tres están suspensos. |

Carlos   ¡Notable dicha!

Ninfa   Ven acá. ¿Cómo te llamas?

Carlos   Carlos.

Ninfa   ¡Él es!

Carlos   ¿Qué te admira?

Ninfa   Pienso que ha sido ilusión.

Carlos   Y para mí el verte, Ninfa.

Ninfa
No acierto a tomar venganza,
con estar de ti ofendida
y haber sido la fatal
ocasión de mis desdichas.
Por ti solo, ingrato Carlos,
poniendo la sangre mía
en olvido y los abuelos
que mi nobleza acreditan,
soy pública bandolera
del cielo y suelo enemiga,
no perdonando, agraviada,
a ningún hombre la vida,
y hoy la tuya, ingrato güésped,
me pagará...

Carlos	No prosigas,

Carlos   No prosigas,
que es tuya, Ninfa, y no es bien
que acabes tu vida misma.
A buscarte, cielo hermoso,
y a disculpar mi huída
vengo. Mátame si quieres,
como tú contenta vivas,
que yo sé que no podrás
sacarte del alma mía.

Ninfa   ¡Ay sirena! ¿Otra vez cantas?
Vuélvete al mar, no me rindas.

Carlos   Porque entiendas, Ninfa hermosa
de la suerte que te estima
el alma, hablarte verdad,
amor y sangre me obligan.
El duque soy de Calabria,
casado por mi desdicha
con Diana la duquesa,
del rey de Nápoles hija.

Ninfa   ¡Qué dices!

Carlos   Esto que escuchas.

Ninfa   No me vengas con mentiras.

Carlos   Ésta fue ocasión, señora,
para dejarte ofendida,
que amor, antes de obligado,
imposibles facilita.
Sirvió de nube la nave
que iba entonces a Mesina

para encubrirte quién era
si los pasos me seguías.
Pensé vivir sin tus ojos,
y es imposible que viva,
y vuelvo loco a buscarlos.
Amor fue, no fue malicia;
cuando llegué a ese repecho
que el camino determina
de Nápoles a Calabria,
desnudando las cuchillas
y calando las pistolas
con gallarda bizarría
estos soldados diciendo,
«Detente» al paso salían.
Matáronme el postillón
antes de dejar la silla,
y por no morir tendido,
con villana cobardía,
de las postas a la tierra
salté, haciendo que me sigan
con Roberto dos criados
que en mi servicio venían.
A la primer rociada
mueren los dos, y a la vista
poniéndonos las pistolas
de las nuestras no vencidas,
temerosos hasta el puesto
en que estamos nos retiran,
donde, como por milagro,
las hermosas maravillas
de tus ojos nos dan puerto,
nos dan gloria, nos dan vida;
que puesto que entre la gente
vulgar, escuchado había

esta novedad, jamás
la di crédito.

César   ¿Qué miras?

Alejandro   Loco estoy, César, ¿qué quieres?,
muero de celos y envidia.
¡Vive Dios, que favorece
en extremo a solas Ninfa
a este cobarde, a este ingrato!

César   ¿Eso en mujeres te admira,
y más en ésta, Alejandro?

Carlos   Mi bien, traza determina
tu gusto.

Ninfa   Mata a Diana.

Roberto   Sentencia es definitiva;
si yo apelare por ella
a nueva chancillería
mil y quinientos me peguen
con un cable en la barriga:
tanto puede en qualquier pecho
un agravio.

Carlos   Si mil vidas
tuviera, mil le quitara.

Ninfa   Duque de Calabria, mira
que me has dado la palabra,
y si de esta fe te olvidas,
Troya volveré a Cosencia,

hasta mirar sus cenizas.

Carlos   Esta palabra te doy,
        y mano desde este día
        de esposo.

Ninfa   Tuya soy, Carlos.

Alejandro (Aparte.) (Celoso estoy, ¡muera Ninfa!
        Pues sirvo al rey y a mis celos.)

(Encara el arcabuz contra Ninfa y no da fuego.)

        Cayóseme, ¡qué desdicha!

Ninfa   ¿Qué es esto? ¡Villano!

Alejandro   Espera,
        detente.

Carlos   ¡Qué alevosía!

Ninfa   ¿Qué te obliga a darme muerte?

Alejandro   ¡Señora!

Ninfa   Habla.

Alejandro   Codicia
        de tu talla y celos; dame
        muerte, que es bien merecida.

Ninfa   Yo te perdono. Levanta,
        que aunque las causas pedían

castigo, más es tu infamia,
y hoy he de hacer de las vidas
merced a cuantos pudiere,
de mi ventura en albricias,
y vete, porque un traidor
no es segura compañía.
César se vaya con él,
pues los secretos se fían
y son amigos tan grandes.

César   ¡Señora!

Ninfa   ¿Qué me replicas?
             Éste es mi gusto y es justo.

César   Obedecerte es justicia.
             Vamos, Alejandro.

Alejandro   César,
             celoso voy y sin vida.

(Vanse los dos. Suena dentro ruido de cajas.)

Ninfa   ¡Hola! ¿Qué cajas son éstas?

(Salen Horacio y Pompeyo.)

Pompeyo   En nuestra demanda, Ninfa,
             se ha descubierto en el campo
             un tercio de infantería.

Ninfa   Diligencias son del rey.

Carlos   Escapar te determina

	conmigo, pues tengo postas
	que a los vientos desafían
	mientras esta furia pasa,
	y a que segura la vida
	en ninguna parte tienes.

Ninfa Vamos, que tuya es la mía,
y sálvese quien pudiere.

Carlos Las postas, Roberto, aprisa.

Roberto Mas ¿que ha de haber de nosotros?
¿Libros de caballería?

(Vanse.)

Horacio Aguarda, enemiga, aguarda.
¿Dónde vas, ingrata Ninfa?
Tras un centauro que ya
al viento en el curso imita.
¿Tan presto nos desamparas?
¿Cuando es menester te eclipsas,
Sol escaso de Noruega?
Amigos, muera, seguidla,
y ese Paris de Calabria
muera con ella en la misma
Troya que con su belleza
su amor soberbio fabrica.
¡Muera Ninfa! Ea, soldados,
pues se ausenta y nos olvida.
¡Muera Ninfa!

(Vanse Horacio y el compañero, metiendo mano a las espadas, y dicen dentro.)

Todos
                                    ¡Ninfa muera,
                        y el Rey de Nápoles viva!

(Sale Ninfa sola, como que se ha perdido en el monte.)

Ninfa
                        Bien te llaman —¡oh, noche!— imagen muda
                        de temor y la muerte, pues con tantos
                        ojos apenas ves tus sombras negras,
                        y siempre lloras y jamás te alegras.
                        A Carlos he perdido en este monte,
                        y cansado el caballo dio conmigo
                        en este laberinto de jarales,
                        sin estribos ni riendas, ¡bravo paso!
                        Pienso que encuentro un monte a cada paso.
                        ¿Qué haré, que estoy confusa? ¿Iré adelante?
                        ¡Ah, Carlos, Carlos! ¿Nadie me responde?
                        Solo el silencio el eco ha interrumpido,
                        que entre estas hojas respondió dormido.
                        Rendida estoy, quiero pasar la noche,
                        a quien muy corto término da el día
                        al parecer, sobre esta verde grama,
                        pues no hay para quien quiere mejor cama.
                        Sueño, ocupad un poco los sentidos
                        poniendo un rato a mis recelos tregua,
                        hasta que pase la tiniebla oscura,
                        que poco a un desdichado el bien le dura.
                        Llegue el día que aguardo, llegue el día,
                        y en los brazos que adoro, regalada,
                        descanse el afligido pensamiento.
                        ¡Carlos, Carlos! Mas ¡ay, que abrazo el viento!

(Échase a dormir, y dice entre sueños.)

¡Ay, gloria del amor, poco segura,
qué poco a un desdichado el bien le dura!
Si no me engaño, pienso que amanece,
y suena gente y música. ¿Qué es esto?
Ceñidos vienen de diversas flores,
aunque no me parecen labradores.

(Salen los labradores, tres bailadores y van cayendo en el pozo, como lo dice Ninfa, al son de folias o villano.)

Alrededor de un pozo, que está en medio.
de aquellas verdes hayas, que ya el día
distintas muestra ya todas las cosas,
se ponen a bailar —¡extraño caso!—
cerca de un pozo, habiendo campo raso.
Uno de los más mozos que bailaban
cayó en el pozo, y los demás suspensos
se han quedado mirándole, y ahora
vuelven al baile y al primer estado
olvidados de aquello que ha pasado.
Otro ha caído agora, y se suspende
el que ha quedado, cual la vez primera;
ya éste vuelve a bailar; no los entiendo,
en lo que paran contemplar pretendo.
El último ha caído, y yo presumo
que debe de ser burla, y que es el pozo
fingido al parecer; llegarme quiero
y ver si dentro están, como han caído,
todos los que bailaban de esta suerte.

(Asómase por el pozo y aparécese la Muerte.)

La Muerte   ¿Qué buscas en el pozo de la muerte?

Ninfa   ¡Válgame el Cielo! ¿Es sombra del abismo,
o es sueño? No; que esta medrosa imagen
con mis ojos he visto. En esta selva
debe de estar mi muerte y mi desdicha.
El cielo me persigue, y no sin causa
en ella me he perdido. Grandes culpas
cometí contra el cielo, pues que tengo
a cargo tantas vidas, tantos robos.
Todo es sombras y miedos cuanto miro;
no me puedo salvar, ya está cerrado
de mi sentencia el último proceso;
amigos y enemigos me persiguen,
cielo y tierra. ¿Qué haré, que ya no puedo
en cuanto mira el Sol estar segura?
Desde aquí se ve el mar. Este peñasco
triste teatro de mi muerte sea,
de tantos enemigos ofendida,
porque ninguno triunfe de mi vida.

(Va a arrojarse Ninfa, y sale un Ángel y detiénela.)

Ángel   Ninfa, no te desesperes;
que no has de serlo del mar,
que más hermoso lugar
te han dedicado.

Ninfa   ¿Quién eres?

Ángel   Un amigo, el más amigo
que en tus sucesos tuviste;
que desde que tú naciste
ha andado siempre contigo.

Ninfa   No te conozco.

Ángel	Después, Ninfa, me conocerás, y si me sigues, tendrás bien de mayor interés.
Ninfa	Ya seguirte no recelo; llévame a cualquier lugar.
Ángel	Deja el ser Ninfa del mar que has de ser Ninfa del cielo.

Fin de la segunda jornada

Jornada tercera

(Sale Ninfa sola.)

Ninfa   Humanos desengaños,
hacedme solamente compañía,
y vosotros, engaños
del mundo, allá os quedad desde este día;
basta lo que dormidos
a la verdad tuvistes mis sentidos.
Como culebra quiero
para otra nueva vida renovarme,
donde clemencia espero,
si acierto de una vez a desnudarme
del hábito que ha hecho
la vil costumbre de mi ingrato pecho.

(Vase quitando las armas, el ristre y bonete, y valos colgando de las ramas, de algún clavo a propósito.)

Quedad por estos pobos,
bárbaros instrumentos de la muerte,
de insultos y de robos,
que con el dueño de la misma suerte
merecistes castigo
a no tener el cielo por amigo;
a cuya hermosa cara
los vergonzosos ojos alzo apenas,
viendo que, aunque me ampara,
tantas ofensas de crueldades llenas
contra él he cometido,
a quien piedad de tantas culpas pido.
Valad, plumas, al viento,
galas del loco abril de mis antojos,

89

y las del pensamiento
sirvan para traer agua a mis ojos;
y queden los cabellos
para esconderse mi vergüenza en ellos.
Monte, en lo más espeso
de tus oscuras lóbregas moradas,
a un huésped nuevo, a un preso
recibe entre las ramas intrincadas
del laberinto tuyo,
que en ti, a Dios me presento y restituyo.
Arrugadas cortezas
sean mis colgaduras de damascos;
sírvanme tus malezas
platos de hierba en mesas de peñascos,
y denme, entre esos troncos,
canta de campo tus silvestres troncos.
Perdóname, entretanto.
que tu soledad santa reverencio,
si violare con llanto
y debidos suspiros tu silencio.

(Dentro.)

Carlos   ¡Ninfa, Ninfa!

Ninfa   Ya es tarde.
                    Del mundo, Carlos, huyo; Dios te guarde.

(Vase. Salen Carlos y Roberto.)

Carlos   ¡Ninfa, Ninfa!

Roberto   ¿Dónde vas,
                    siguiendo, Carlos, el viento?

¿No miras que es por demás
aunque así a tu pensamiento
alas sin provecho das?
   ¿De qué sirve ninfear
por la tierra y por la mar,
si te la ha escondido el cielo
o se la ha tragado el suelo
y no te la quiere dar?
   Toda una noche y un día
hemos andado tras ella
llamándola.

Carlos   ¡Ninfa mía!
¿dónde estás?

Roberto   Culpa tu estrella,
pues yendo en tu compañía
  supiste tener tan poco
cuidado que...

Carlos   Yo estoy loco;
Roberto. No me des más
pesares.

Roberto   ¿No me dirás
el fin? Si no te provoco
  a enojo también, ¿adónde
vamos hechos caballeros
andantes? Carlos, responde.

Carlos   Tras los hermosos luceros
de Ninfa.

Roberto   Si los esconde

        el cielo para alumbrar
        con ellos la tierra y dar
        al Sol rayos y arrebol,
        Carlos, pidelos al Sol,
        que no los podrá negar;
            que entre sus rayos dorados
        por su resplandor divino
        estarán aposentados.

Carlos   ¡Ay, Roberto, que imagino
                 que están sin luz y eclipsados!

Roberto   ¿Qué quieres decir en eso?
                 Que no te entiendo, confieso.

Carlos   Que Ninfa es muerta.

Roberto   Señor:
                 siempre recela el amor.
                 el más dañoso suceso;
                     que el amor todo es recelos
                 en las sospechas y celos,
                 en la ausencia, en el desdén,
                 hasta que seguro el bien
                 corre al engaño los velos.

Carlos   Roberto: espera.

Roberto   ¿Qué dices?

Carlos   ¿Son antojos del deseo
                 de mis venturas felices
                 lo que en estas ramas veo?

Roberto	Serán hojas y raíces.
Carlos	No es sino Ninfa, Roberto, o el deseo me ha engañado.
Roberto	Eso será lo más cierto.
Carlos	¿No es aquel ristre bordado y aquel bonete cubierto de plumas prendas dichosas de su beldad celestial?
Roberto	Hoy en tu centro reposas.
Carlos	¡Ninfa, Ninfa!
Roberto	Al viento igual exceder sus plantas osas; que debe de huír de ti, pues no responde a las voces que le has dado desde aquí.
Carlos	Mal un amante conoces. Mi bien, aguarda. ¡Ay de mí! Como sombra me has burlado cuando te toqué engañado.
Roberto	Como delincuente ha sido que de tus manos ha huido y la capa te ha dejado, porque hacerte toro a ti fuera la comparación más pesada.

Carlos	Estoy sin mí;
	ciertas mis sospechas son.
Roberto	¿Cómo?
Carlos	A Ninfa han muerto aquí,
	o la está despezando
	alguna fiera. Yo voy
	pasos por su sangre dando.
Roberto	A Píramo y Tisbe estoy
	en Ninfa y en ti mirando.
Carlos	Su misma muerte has de ver.
	Árboles que habéis de ser
	de mi desdicha testigos,
	a un triste mudos amigos
	si amigos puede tener;
	peñas duras, troncos huecos,
	cuevas lóbregas, sombrías,
	monte oscuro, prados secos
	a quien da lenguas tardías
	el aire de vuestros ecos;
	escasas y turbias fuentes,
	arroyos que sois serpientes
	de esta cumbre despeñados,
	primero hielos atados,
	ya desatadas corrientes;
	ansí todos os veáis
	con lo que más deseáis
	por la generosa mano
	del Sol rubio y del verano,
	que de Ninfa me digáis
	adónde está Ninfa, ¿adónde?

¿Dióle muerte alguna fiera?
¿Nadie a mis voces responde?

Roberto   Aguarda, señor, espera,
y a quien eres corresponde.

Carlos   Déjame morir, Roberto.
Sepulten mi cuerpo frío
las grutas de este desierto;
de Ninfa soy, no soy mío,
sin ella mi fin es cierto.
    Prendas queridas y halladas
por mi mal, de vuestro dueño
dadme nuevas regaladas,
porque me parecen sueño
todas las glorias pasadas.
    ¿Dónde está Ninfa?

Roberto   Señor
¿cómo te han de responder?

Carlos   Alma les dará mi amor;
pero Ninfa no es mujer,
aunque nació en Valdeflor,
    para que pueda morir.
Viva está, yo he de seguir
mis suspiros y alcanzarla;
y en las estrellas buscarla
cuando de mí quiera huir.

Roberto   ¡Quién tal de tu amor creyera!

Carlos   Mi bien, aguárdame, espera,
que si al cielo te has subido

alas al Amor le pido.

Roberto   ¡Linda está la ventolera!
                                Amadís y Galaor
andamos hechos de amor
sin que la dicha nos sobre,
hasta que en la Peña Pobre
estés penando, señor.

Carlos   Roberto, Amor lo concierta.
A Ninfa en tierra o en mar
he de buscar viva o muerta.

Roberto   Comiénzala a vocear.

Carlos   ¡Ninfa, Ninfa!

Roberto   A esotra puerta.

(Sale un Labrador.)

Labrador   Si buscáis una mujer
de hermosura celestial,
diosa o Ninfa, al parecer,
por este blanco arenal
al aire intenta vencer.
    No sé qué lleva; parece
cierva herida, según va,
y ansiosa el agua apetece
de este río, donde ya
el nevado pecho ofrece.
    Ya dejó la blanca arena
y entre la nevada espuma
parece ahora sirena

con quien no es bien que presuma
ser hermosa la que suena
en el mar napolitano
despeñada y enriquece
el campo de cristal cano.

Carlos

Roberto, a Ninfa parece.

Roberto

Darle voces será en vano,
que no nos podrá escuchar.

Carlos

Lleguémonos a la orilla
donde las podamos dar.

Roberto

La noche podrá encubrilla,
que ya comienza a bajar.
Ya no se ve.

Carlos

¿Qué ocasión
puede moverla, Roberto?

Roberto

No sé.

Carlos

¡Extraña confusión!

Roberto

El quererla es lo más cierto;
que ésta es propia condición,
Carlos, de toda mujer
a quien más amor obliga.

Carlos

Roberto, ¿no puede ser
que, enamorada, me siga,
y que llegase a entender
que fue por darme ocasión

para dejarla, y que así
huyo de la obligación?
Sígueme.

Roberto   Ya voy tras ti.

Carlos   ¡Ninfa, Ninfa!

(Vanse Carlos y Roberto.)

Labrador   Locos son.
          Ni al hombre ni a la mujer
entiendo qué podrá ser.
Ahora se han arrojado
al río y pasan a nado
entrambos, al parecer;
          pero no es muy seguro el paso.
Voyme, que la noche empieza,
con mis cabras paso a paso.

(Dicen dentro Carlos y Roberto.)

Carlos   ¿Vienes?

Roberto   San Juan de Cabeza.

Carlos   ¡Ninfa, Ninfa!

Labrador   ¡Extraño caso!

(Vase el Labrador, y sale Ninfa, de pobre.)

Ninfa   No hay cosa, Señor, que pueda
estorbarme que con tanta

diligencia os busque y siga,
que vos propio me dais alas,
y como de amor me habéis
herido, Señor, el alma,
herida y llena de fuego
vengo, como cierva al agua.
Ninfa soy ya de los ríos,
y la cabeza bañada
de la espuma saco a tierra
cortando las líneas plata.
Aquí ha de estar mi remedio,
conforme la soberana
voz del cielo me dio aviso
que por su Ninfa me aguarda.
La noche oscura se cierra
y las estrellas más claras
de negras nubes reboza
y tempestad amenaza.
Ya con agua y con granizo
los lóbregos senos rasgan,
y al soplo del viento gimen
sacudidas estas ramas,
y contra mí, al parecer,
agora con justa causa
se conjuran noche y nubes,
vientos, peñascos y plantas.
Pero allí, entre aquellas peñas,
diviso una luz. Sin falta
la cueva debe de ser
de Anselmo, cuyas hazañas
heroicas pregona el cielo.
Ésta es la dichosa entrada
y ésta es la puerta. ¿Qué bien
a esta pobreza se iguala?

¿Qué corte a esta soledad?
A este palacio, ¿qué alcázar?
A esta humildad, ¿qué grandeza?
¿Qué ventura a dicha tanta?
Quiero llamar, aunque rompa
de su tranquila bonanza
las treguas. ¡Anselmo, Anselmo!
¡Anselmo, Anselmo!

(Dentro.)

Anselmo   ¿Quién llama?

Ninfa   Una mujer que el rigor
               de las nubes besa y baña
               con lágrimas tus umbrales.
               Ábreme, Anselmo, levanta.

Anselmo   Perdona, mujer; que yo
               no puedo abrir. Pasa, pasa
               delante y déjame solo
               en mi quietud, que no faltan
               adonde ampararte cuevas.

Ninfa   Tu persona es necesaria,
               Anselmo, para mí agora,
               que he venido en tu demanda.
               Mira que me envía el cielo.

(Sale Anselmo, ermitaño, muy viejo y vestido de palmas, con linterna.)

Anselmo   ¿Quién eres?

Ninfa   Soy una esclava

del demonio, una mujer
la mayor y la más mala
pecadora que ha tenido
la tierra entre todas cuantas
ha sustentado y sustenta.
Soy, al fin, Ninfa.

Anselmo   Levanta,
ya te conozco. ¿Qué quieres?

Ninfa   Anselmo, echada a tus plantas
vengo a confesar mis culpas
y a que me limpies el alma,
que por la mano piadosa
de Dios, Anselmo, guiada,
a nado pasé este río,
adonde supe que estabas.
Dame, Anselmo, la más fiera,
la más dura, la más rara
penitencia que mujer
haya hecho en carne humana;
que he ofendido mucho al cielo.

Anselmo   Esa contrición bastaba
para infinidad de culpas.
Levanta, Ninfa, levanta,
y pluguiera a Dios que yo
en cuarenta años que pasan
que ha que vivo en esta cueva
vestido de secas palmas,
siendo hierbas mi sustento
y dos peñascos por cama,
hubiera medrado, Ninfa,
en la conciencia, en el alma,

tanto como tú en un día
no más.

Ninfa   ¡Qué humildad tan santa!

Anselmo   Entra en esta cueva, adonde
jamás entró humana planta
después que yo vivo en ella
sino tú agora, y aguarda
del cielo largas mercedes,
que la mano soberana
de Dios quiere hacerte ninfa
del cielo.

Ninfa   En las penas largas
del infierno mis delitos,
Anselmo, apenas se pagan.

(Vanse. Salen Carlos y Roberto mojados, que han pasado a nado.)

Carlos   Ya piso tierra, Roberto.

Roberto   ¡Lindamente, Carlos, nadas!

Carlos   Gracias a Dios que la arena
toco; a pesar de las aguas.

(Sale Roberto como nadando en seco.)

Roberto   Aún estoy yo todavía
en el golfo.

Carlos   Para, para,
que va estás nadando en seco.

Roberto	¡Hablara para mañana!
	Nunca más burlas con ríos;
	que tienen bellacas armas.
	Nade un delfín que lo entiende,
	hijo y vecino del agua,
	que de aquí adelante soy,
	si el demonio no me engaña,
	de parte de los mosquitos
	que en pipas de vino nadan.
	¡Buenos estamos, por Dios!
	Pasados de este otra banda
	por el agua como huevos.
	¡Oh, cinco veces mal haya
	quien sirve a loco señor,
	quien tras vanos cascos anda,
	hecho fantasma en la tierra
	y hecho labanco en el agua!
	Pues la noche nos ayuda,
	agua, Dios, hasta mañana,
	agua abajo, y agua arriba,
	ella es famosa empanada.
	Tiempo pato, tiempo sopa,
	tiempo hongo, tiempo rana,
	tiempo muela de barbero,
	tiempo arroz, tiempo linaza.
	¿En qué ha de parar aquesto?
	¿Soy garbanzo, soy patata
	soy abadejo, soy berro?
	¿Qué me quieres?
Carlos	Ninfa, aguarda.
	¿Adónde estás, dónde huyes?
	Roberto.

Roberto	¿Qué es lo que mandas?
Carlos	¿Divisas a Ninfa?
Roberto	¡Bueno! ¡La pregunta está extremada! Pues no sé si estás ahí sino solo cuando hablas, ¿y dices si la diviso? ¡Famosamente despachas mis servicios!
Carlos	Pues, Roberto, vamos los dos a buscarla.
Roberto	Estoy aguado, no puedo y a un rocín, sin tener alma, cuando lo está, no le corren, o de corrido descansa, aunque si ya los criados plaza de rocines pasan, ya he cerrado en tu servicio. Viejo estoy, échame albarda, ponme a una noria, que suelen al caballo de más fama cuando ya no es de provecho, en las más prósperas casas, dar este pago los dueños y las dueñas o las amas, y más si sabe estas cosas la duquesa de Calabria.
Carlos	No hay Calabria ni hay Duquesa; sola Ninfa es la que manda

dentro del alma, Roberto.

Roberto   ¡Nunca yo a verla llegara,
nunca yo la conociera!

Carlos   La más lóbrega y extraña
noche es que he visto.

(Suena dentro ruido de cadenas arrastrando.)

Roberto   ¿No escuchas,
si no es que el miedo lo causa,
Carlos, un son de cadenas?

Carlos   Los sentidos acobarda.

Roberto   ¿Nosotros, señor, habremos
venido a parte que vayan
nuestros nombres solamente
a Cosencia?

Carlos   ¡Cosa rara!

Roberto   En este desierto debe
de andar penando alguna alma
de las que ha sacado Ninfa
con la pistola o la espada
sino es acaso la suya
que a la violencia del agua
rindió la tirana vida
que ha sido.

Carlos   Roberto, calla,
que la belleza de Ninfa

es inmortal, y no basta
la muerte a vencerla.

(Suena ruido.)

Roberto   ¿Escuchas?
Ya se acerca la fantasma.

Carlos   No temo nada, Roberto.

Roberto   Ya sé, y mucho más batalla
con estómagos de viento,
que pasan las estocadas
por el aire y queda un hombre
en brazos de una tarasca
que le hace harina los huesos,
sin mirar, ni tocar nada.
(Suena ruido.)   De veras va esto. Se acerca.

Carlos   No temas, que la mañana,
desmentidora de sombras
de la noche oscura helada,
abre las puertas al Sol
y reciben las montañas
en fuentes de peña viva
racimos de oro y de nácar,
y no hay temor que amedrente
cuando a la tierra acompañan
los rayos del Sol.

Roberto   Agora
entre aquellas peñas pardas
parece que un monstruo viene
andando hacia acá y arrastra,

una cadena por tierra.
¡Pesada, espantosa carga:
notablemente me asombra!

Carlos   No es monstruo, cosa es humana
              que con el largo cabello
              lleva cubierta la cara
              y el cuerpo de pardas pieles.
              ¡Prodigiosa vista!

Roberto   Espanta.

Carlos   Una calavera lleva
              en la mano izquierda y rasga
              con la derecha y con una
              piedra el pecho.

Roberto   Ella es extraña
              penitencia.

(Sale Ninfa como se ha dicho por una puerta y éntrase por otra.)

Carlos   Ya se vuelve
              huyendo, que al viento iguala
              como nos ha visto.

Roberto   Pienso
              que es mujer.

Carlos   Y no te engañas.
              El alma me da, Roberto,
              que es Ninfa, y me lleva el alma.

Roberto   ¿Ninfa vestida de pieles

con cadena y con la amarga
de la muerte imagen fea,
rompiendo la no tocada
nieve de su pecho? Es sueño,
es burla.

Carlos   Mujer, aguarda,
si eres Ninfa o sombra suya
a mi voluntad ingrata.
Carlos. soy.

(Dentro.)

Ninfa   No te conozco,
hombre. No me sigas.

Carlos   Para,
refrena el ligero curso.

Ninfa   Busca a Dios.

Roberto   Ése te valga,
y de esta sombra te libre
que te sigue y no te alcanza;
y ansí me da un amo cuerdo,
que no es pequeña ventaja.

(Vanse. Sale Ninfa sola como antes, de penitencia.)

Ninfa   Si esta persecución, Señor, importa
para regalo mío, vengan muchas,
que siendo Vos mi amparo no las temo,
aunque me sigan con mayor extremo.
Anselmo, a cuyos pies mis culpas dije

y me dio la divina Eucaristía,
dándome esta cadena en penitencia,
que fue cilicio suyo y esta dura
peña con que mi pecho y mis entrañas
con la memoria de la muerte fiera
de acero duro las convierte en cera,
y aquestas pieles de animales fieros,
segunda vez pasar me manda el río
y que apartada de él en la otra banda
en la gruta más áspera procure
adelante llevar mi pensamiento,
porque vemos ejemplos cada día
del mal que causa nuestra compañía.
Barca parece que hay dentro del río
y el barquero ha saltado en tierra agora,
que con la lluvia de la noche oscura
soberbio raudal lleva, y la creciente
es imposible que pasarla intente,
menos que en puente o barca, y quizá el cielo
por esta parte me encamina.

(Sale un Barquero.)

Barquero   ¿Quieres
                    pasar, mujer, el río?

Ninfa   Sí, quisiera,
                    que me importa pisar la otra ribera.

Barquero   Entra en la barca, pues.

Ninfa   No tengo cosa
                    que darte.

Barquero	Eso no importa, si eres pobre.
	Vamos, camina aprisa.

Ninfa	El bien te sobre.

(Vanse. Salen Roberto y Carlos.)

Carlos	Sombra debió de ser, Roberto, aquélla,
	que el viento la llevó.

Roberto	Los que han perdido
	todo es antojos cuanto ven. Concluye
	imaginando que perdiste a Ninfa
	y que si bien te quiere ha de buscarte,
	y que si no, que es imposible cosa,
	aunque corras la tierra en busca suya,
	ni aunque surques el mar a vela y remo,
	que la mujer olvida con extremo.
	Advierte que eres duque de Calabria,
	que tienes por mujer tan gran señora,
	que lo menos que tiene es ser legítima
	hija de un rey de Nápoles, y mira
	no te castigue el cielo.

Carlos	Como cuerdo,
	Roberto, me aconsejas; yo estoy loco.
	Dar vuelta procuremos a Cosencia

Roberto	Hace como quien es vuestra excelencia.

(Da voces dentro Ninfa.)

Ninfa	¡Que me ahogo! ¡Socorro!

Carlos	Voces suenan.
Roberto	Serán de ganaderos.
Ninfa	¡Que me ahogo!
Carlos	Voces son de mujer; guía, Roberto, a la puente.
Roberto	¡Notable desconcierto!

(Vanse. Sale el Barquero arrastrando a Ninfa de los cabellos por el tablado.)

Ninfa	¡Que me ahogo, piedad!
Barquero	No saldrás, Ninfa, con lo que intentas esta vez, ni el cielo ha de poder librarte, ni ese viejo Anselmo, mi enemigo. ¡Muere, ingrata, que el mismo a quien serviste ése te mata! No has de lograr la penitencia. ¡Muere! Pues has sido mi esclava en mi servicio, que no te has de alabar de la vitoria del haberme dejado a tan buen tiempo.

(Sale el Ángel custodio.)

Ángel	Ya no es tu esclava, cese tu castigo. Ninfa es del cielo. Apártate enemigo.
Barquero	¿Hasta aquí me persigues? ¿Qué me quieres?
Ángel	Quitarte a Ninfa.

Barquero   Vesla ahí.

Ángel   Barquero
          infernal, vete agora.

Barquero   Yo me parto;
          mas yo me vengaré.

Ángel   Vete, enemigo.
          Sígueme, Ninfa.

Ninfa   Ya, mi bien, te sigo.

(Vanse. Sale la Duquesa y todos los que puedan con ella de casa.)

Uno   Aquí vueselencia puede,
          si quisiere, descansar.

Duquesa   Ya no hay, Ortensio, lugar
          para mi descanso. Excede
             la pena al mayor descanso,
          el pesar al mayor gusto,
          que puede mucho un disgusto.

(Sale un Pastor.)

Pastor   Tienes de pagarme el ganso.

Duquesa   ¿Qué tiene ese labrador?

Pastor   Señora, pues me ha escuchado,
          un criado mal criado
          tuyo entró por Valdeflor
             cuando pasó por allí

agora su señoría,
con toda la fantasía
que en toda mi vida vi;
   y al pasar della laguna
una pedrada tiró
a un ganso, y me le mató
sin helle cosa ninguna,
   y no me quiere pagar
lo que vale.

Duquesa   ¿Quién ha sido?

Pastor   A fe, si hubiera querido
la señora del lugar
   que estuviéramos mejor
de lo que estamos tratados,
pues tien vasallos honrados.

Duquesa   No os aflijáis, labrador.
   Hacedle dar lo que vale,
y vuélvanle luego el ganso.

Pastor   Dios le dé mucho descanso,
porque la presencia iguale
   siempre a tan grande valor
como muesa aquese pecho.

Duquesa   Venid acá: ¿qué se ha hecho
Ninfa?

Pastor   Dejó a Valdeflor,
   y por su bellaquería
o poco recato, en fin,
la gozó un hombre roín

estando allá en su alquería,
   y burlada la dejó;
y ella, loca y agraviada,
por quedar de éste vengada
bandolera se tornó;
   hasta qué enviando el rey
un tercio de infantería,
su furia huyó en compañía
de un caballero sin ley
   que dicen que era casado,
y aun hay quien ha dicho aquí
que era el duque...

Duquesa   Acaba, di.

Pastor   De Calabria, y que le ha dado
   la palabra de matar
a su mujer, que diz que es
una santa, y que los pies
no le merece él besar.
   ¿De qué lloráis?

Duquesa   Hame dado
compasión esa mujer.

Pastor   Otra tal encontré ayer
viniendo tras mi ganado
   de esa montaña al pasar.
Sentíla que caminaba,
que atrás el viento dejaba
sin volver, hasta llegar
   al río, donde se echó,
y un hombre que la seguía
con otro en su compañía

	dándole voces, cortó
	también el agua tras ella.
Duquesa	¿Cómo la llamaba?
Pastor	El nombre
	no le escuché bien.
Duquesa	¿Y el hombre?
Pastor	Era de presencia bella
	y que moviera a respeto
	a cualquiera su persona.
Duquesa (Aparte.)	(A fuego y sangre pregona
	en público y en secreto
	la Fortuna contra mi
	guerra de celos cruel.
	El duque es éste, y si es él
	ya el bien y la paz perdí;
	porque, aunque son ilusiones
	los celos imaginados,
	cuando son averiguados
	son ciencia sin opiniones.
	Quiero averiguarlos más.)
	¿Conoces a Ninfa?
Pastor	No;
	porque después que murió
	su padre, nunca jamás
	los de Valdeflor la vimos,
	hasta que, siendo mayor
	por el campo a Valdeflor
	trocó, aunque todos sentimos

	el faltar de su lugar
	en extremo.

Duquesa	¿Esa mujer
	que encontraste, puede ser
	de ese modo?

Pastor	Que pensar
	con aqueso me habéis dado;
	porque huyendo del furor
	del rey, con tanto valor
	puede ser se haya escapado
	y yo no la conociese;
	pero el galán, ¿quién sería,
	que tan loco la seguía?

| Duquesa | Puede ser que el duque fuese. |

| Pastor | La presencia era, pardiez, |
| | de duque o de gran señor. |

Duquesa	Llevad este labrador;
	que he de salir esta vez,
	Ortensio, de mi sospecha.

| Pastor | ¿Dónde me quieren llevar? |

| Duquesa | Guía hacia el mismo lugar |
| | que dices. |

| Uno | No te aprovecha |
| | querer dar excusas ya. |

| Duquesa | Llevadle. |

Pastor	¡Señora!
Duquesa	¡El coche, hola!
Pastor	¿Vine de allá anoche y he de volver hoy allá?
Uno	¿Qué importa, pues interesa paga, que mil leguas ande? ¿No basta que te lo mande mi señora la duquesa?
Pastor	¡Nunca yo pidiera el ganso!
Duquesa (Aparte.)	(¡Qué me cuestas de desvelos, Carlos! Mas ¿cuándo los celos dieron al alma descanso?)

(Vanse todos. Sale Ninfa sola.)

Ninfa	Tente, aguarda, esposo amado.
	¿Cómo te vas y me dejas,
	y de mis brazos te alejas?
	¿Qué nuevo amor te ha llevado?
	   ¿Tampoco estás satisfecho,
	dejándome en triste calma
	del que me enamora el alma
	y del que me abrasa el pecho?
	   Dormida me habéis dejado
	y os vais, Señor, ¿cómo es esto?
	Volved a casa tan presto.
	¿Me habéis, mi bien, olvidado?
	   ¡Ay, que me abraso, por vos!

Volved, gloria de mi vida,
que estoy de amores perdida.
Tomad el alma, mi Dios.

Volved, no me deis enojos,
porque, entretanto que voy
tras vos, mi bien, Ninfa soy
de las fuentes de mis ojos.

Árboles, fuentes y peñas,
al alma no le escondáis,
que porque de él me digáis,
yo os daré todas las señas.

Es a la parda avellana
semejante su cabello;
al blanco marfil, su cuello;
sus mejillas, a la grana;

su frente es nevada falda,
que de mil claveles rojos
termina, un valle; sus ojos
son dos soles de esmeralda;

corona las niñas bellas
de celajes carmesíes;
sus labios llueven rubíes;
sus dientes nievan estrellas.

¿Hay quién de él me diga, hay quién
me le enseñe? Peñas duras,
arboledas, fuentes puras,
decid, ¿dónde está mi bien?

(Se asoma Cristo en la fuente.)

Cristo   ¡Ninfa!

Ninfa   Señor, ¿dónde estais?

Cristo	Aquí en esta fuente estoy.
Ninfa	Allá a ser Narciso voy, si vos, Señor, me miráis.
Cristo	Llega, llega.
Ninfa	¡Esposo mío, mi bien, mi Señor, mi Dios!
Cristo	Presto, Ninfa, de los dos, ya que en tu valor confío, el desposorio verás; que a las vistas vengo así. Presto partirás de aquí y al Sol belleza darás, y para no ser ingrato amante, lo que esté ausente, Ninfa mía, en esta fuente te dejaré mi retrato, aunque es imposible estar ausente de nada yo.
Ninfa	¡Mi bien, Señor!

(Desaparece el Cristo. Asómase Carlos en lo alto, encima de la misma fuente.)

Carlos	No igualó al viento vela en el mar, como tras Ninfa me lleva el pensamiento forzado de mi enemigo cuidado en demanda de su cueva;

que mudando el pensamiento
del amor que me tenía,
en estos montes porfía
ser prodigioso portento.
    Y así tras sus pasos voy,
celoso y determinado,
que de ver que me ha olvidado
corrido en extremo estoy;
    y aun rabio de verla ansí
de otro dueño enamorada.
Toda ésta es peña tajada,
no puedo pasar de aquí.

Ninfa   Mi bien, no os vais tan aprisa,
dadme un abrazo, Señor,
que quedo muerta de amor.

Carlos   Aquélla que se divisa
    sobre aquella fuente agora
es Ninfa, si no me engaño.

Ninfa   ¿Por la imagen de mi daño
truecas la que el alma adora?
    Fuente, ¿qué es esto? ¡Ay de mí!
Pues donde el cielo me honró,
del perro que me mordió
el retrato miró en ti.

(Alza los ojos arriba y quiere huir.)

            Allí está el original:
huir quiero.

Carlos   ¡Extraña cosa!

                    Mi bien, aguarda, reposa.

Ninfa   Causa de todo mi mal,
                    déjame.

Carlos   Aguarda, o si no
                    me despeñaré de aquí.

Ninfa   Si se despeña de allí
                    vengo a ser la causa yo
                        de perderse un alma, y son
                    los peligros que recelo
                    extraños. Si aguardo...¡ay cielo!...
                    ¿qué haré en tanta confusión?

Carlos   ¿Cómo es posible que olvidas
                    tanto amor y voluntad?

Ninfa   Sigo, Carlos, la verdad
                    del cielo; el bien no me impidas.
                        Déjame, que ya no soy,
                    Carlos, la que conociste;
                    ya soy una sombra triste,
                    ya con otro dueño estoy.
                        Dios ha tenido de mí
                    lástima, y me ha remediado,
                    y matrimonio he tratado
                    con Él. Carlos, vuelve en ti;
                        que ya soy de Dios esposa,
                    y tuya no puedo ser;
                    vuélvete con tu mujer,
                    que es honesta y virtuosa.
                        Ya yo no estoy de provecho
                    para el mundo, que me tira

otro pensamiento; mira
hecho pedazos el pecho,
   sangriento el cuerpo y llagado,
porque con, esta cadena
que arrastro por tierra en pena,
y prisión de mi pecado,
   justamente le castigo
toda la noche y el día,
que ha sido del alma mía
mi más mortal enemigo.
   Todas las cosas se acaban,
Carlos, y la edad ligera
lleva nuestra primavera
a la muerte y no se alaban
   los homenajes apenas
que pudieron resistir
a los tiempos sin rendir
a la tierra sus almenas.
   Carlos, tu vida gobierna
en lo mejor de tus años,
pues ves tantos desengaños,
que hay muerte y hay pena eterna.

(Vase.)

Carlos   Venturosa penitente,
ya que esa causa te aleja
de mí, que te bese deja
las plantas. Ninfa, detente.

(Vase también. Salen la Duquesa, Roberto y toda la compañía con ellos.)

Roberto   Señora, en esta ocasión
que debes tanto a Roberto,

siguiendo sin seso al duque
como a tu cuidado pienso
injustas o justas cosas
quien no obedece sirviendo
a su dueño, y más en éstas
que no han tenido remedio.
Para el suyo te ha traído,
sin duda, señora, el cielo,
porque en estos montes anda
sombra y engaños siguiendo.

Duquesa   Aunque el duque me aborrece,
Roberto, le adoro y quiero
más que a mí misma, y ansí
ansiosa a buscarle vengo.
La fama, que siempre ha sido
de todas nuevas correo,
me avisó de la jornada
del duque y de su suceso.
Sin poderme resistir
partí de Cosencia luego,
encaminada a este bosque
de mi amor y de mis celos,
que con sola mi persona
reducir acá los pienso
sin darle a entender que han sido
causa mis rabiosos celos.
Pártete con la mitad
de mis criados, Roberto,
hasta que el duque encontréis,
diciéndole cómo quedo
cazando en el bosque a causa
de haber venido a este puerto
en devota romería

a ver la ermita de Anselmo,
un varón santo que dicen
que vive en este desierto,
y me entretengo cazando
en tanto que a verle vuelvo,
encubriendo lo posible
que ha sido otra causa.

Roberto   Hoy veo
en ti un romano valor.

Duquesa   Que he sabido que a lo mesmo
se ha detenido, y que estoy
loca de gusto y contento.

Roberto   Vamos.

Duquesa   Quizás pondré ansí
a mis desdichas remedio.

Roberto   Huélgome, porque salgamos
de ser amantes del yermo.

(Vase.)

Uno   Puesto que de tus sospechas
hayas visto los efetos,
diviértete, si es posible,
que te matarán los celos.

Otro   ¿Quieres que echemos un gamo
porque le mates?

Uno   Yo creo

que uno corta aquellas ramas
agora.

Duquesa   Matarle quiero;
haré verdad el achaque
y con él lisonja al dueño
que adoro y huye de mí.

Uno   Tírale y pásale el pecho
con el venablo.

Duquesa   Camilo,
rayo será de mis celos.

Otro   Cayó en tierra.

(Tira el venablo la Duquesa, y dice Ninfa dentro.)

Ninfa   ¡Muerta soy!

Duquesa   Voz humana fue.

(Sale Ninfa con el venablo atravesado.)

Ninfa   Ya el cielo
venganza de tantas vidas
ha tomado en mí, que en tiempo
ninguno puede faltar
la verdad de su evangelio.
Quien a hierro mata es justo
que muera también a hierro.

Duquesa   Llegad y mirar quién es.

Ninfa	¿Eres tú la que me has muerto?
Duquesa	¿Quién eres?
Ninfa	Una mujer que ha ofendido mucho al cielo y que pago mis pecados de esta suerte.
Duquesa	¡Él es portento prodigioso!
Ninfa	Ya, señora, que en las manos vuestras muero, decid quién sois.
Duquesa	La duquesa de Calabria, que entendiendo que eras algún animal, entre estas ramas he hecho cosa que me pesa tanto.
Ninfa	Justamente me habéis muerto, porque os he ofendido, mucho.
Duquesa	¿Quién eres?
Ninfa	Un monstruo fiero de Calabria, un basilisco, una víbora, un incendio.
Duquesa	¿Quién eres, mujer, al fin?
Ninfa	Ninfa soy.

Duquesa	¡Válgame el cielo! ¿Tú eres Ninfa?
Ninfa	Yo soy Ninfa, que pago lo que te debo; perdóname en este trance las ofensas que te he hecho, porque morir a tus manos son soberanos secretos.
Duquesa	Admirada estoy. ¿Qué hacías de tal suerte?
Ninfa	Estaba haciendo penitencia de mis culpas.

(Sale Carlos.)

Carlos	¡La duquesa aquí! ¿Qué es esto? ¿Quién te ha muerto, Ninfa?
Ninfa	Carlos, no te alteres, que es del cielo en mi predestinación inexcrutable rodeo. Pensando que era animal tu esposa misma me ha muerto, que, para descanso mío, es de mi muerte instrumento.
Carlos	Déjame besar mil veces esas heridas.

Ninfa	Al cuerpo no me toques. Tente, Carlos.
Carlos	Haré locuras y extremos.
Ninfa	Carlos, lo que importa más es buscar a Dios, que aquesto es regalo para mí.

(Aparece el Cristo bajando en una peana, y va subiendo Ninfa en otra.)

Cristo	¡Ninfa esposa!
Ninfa	¡Amado dueño!
Cristo	Nuestras bodas se han llegado. Vestido de boda espero. Venid, hermosa paloma, que ya ha pasado el invierno, y en el inmortal abril las flores aparecieron. Llegad a mis brazos, Ninfa, y Ninfa solo del cielo.
Ninfa	Mi bien, mi gloria, mi esposo, por vuestro costado quiero entrarme en Vos.
Cristo	Ya estáis, Ninfa y querida esposa, dentro.
Ninfa	Apretadme más los brazos, mi bien, mi amor, mi remedio, que en ellos...

Cristo   Valor, esposa.

Ninfa   Mi espíritu os encomiendo.

(Ciérrase la cortina como se abrió.)

Carlos   ¡Oh, prodigio soberano!
                          Altos son vuestros secretos.

Duquesa   Señor, notables favores
                          a una mujer habéis hecho.

Carlos   Esto el cielo ha permitido,
                          Diana, para bien nuestro.
                          Perdonad, que yo daré
                          de mi vida tal ejemplo
                          que admire mi penitencia.
                          Llevemos el santo cuerpo
                          para que dé admiración
                          la santidad y el suceso.

Duquesa   Con la majestad debida
                          y ostentación la llevemos
                          para patrona.

Carlos   Y aquí
                          da fin la Ninfa del Cielo,
                          cuya prodigiosa vida,
                          por caso admirable y nuevo,
                          Ludovico Blosio escribe
                          en sus morales ejemplos.

                          Fin de la comedia

Libros a la carta

A la carta es un servicio especializado para
empresas,
librerías,
bibliotecas,
editoriales
y centros de enseñanza;
y permite confeccionar libros que, por su formato y concepción, sirven a los propósitos más específicos de estas instituciones.

Las empresas nos encargan ediciones personalizadas para marketing editorial o para regalos institucionales. Y los interesados solicitan, a título personal, ediciones antiguas, o no disponibles en el mercado; y las acompañan con notas y comentarios críticos.

Las ediciones tienen como apoyo un libro de estilo con todo tipo de referencias sobre los criterios de tratamiento tipográfico aplicados a nuestros libros que puede ser consultado en Linkgua-ediciones.com.

Linkgua edita por encargo diferentes versiones de una misma obra con distintos tratamientos ortotipográficos (actualizaciones de carácter divulgativo de un clásico, o versiones estrictamente fieles a la edición original de referencia).

Este servicio de ediciones a la carta le permitirá, si usted se dedica a la enseñanza, tener una forma de hacer pública su interpretación de un texto y, sobre una versión digitalizada «base», usted podrá introducir interpretaciones del texto fuente. Es un tópico que los profesores denuncien en clase los desmanes de una edición, o vayan comentando errores de interpretación de un texto y esta es una solución útil a esa necesidad del mundo académico.

Asimismo publicamos de manera sistemática, en un mismo catálogo, tesis doctorales y actas de congresos académicos, que son distribuidas a través de nuestra Web.

El servicio de «libros a la carta» funciona de dos formas.

1. Tenemos un fondo de libros digitalizados que usted puede personalizar en tiradas de al menos cinco ejemplares. Estas personalizaciones pueden ser de todo tipo: añadir notas de clase para uso de un grupo de estudiantes,

introducir logos corporativos para uso con fines de marketing empresarial, etc. etc.

2. Buscamos libros descatalogados de otras editoriales y los reeditamos en tiradas cortas a petición de un cliente.